# Programmes

# et fonds européens

# pour la période 2014-2020

*La bonne subvention pour le bon projet.*

Deuxième version

© juillet 2016 - Émilie HOCHART  *www.europroje-c-ts.blogspot.com*

## Tous Droits Réservés

ISBN : 978-2-9552297-8-1

# AVANT-PROPOS

Le saviez-vous ? L'Union européenne intervient dans différents domaines et met des subventions à disposition pour cofinancer des projets et permettre leur réalisation. Les possibilités offertes par ces subventions sont nombreuses et variées, et il peut être difficile d'y voir clair pour trouver le programme ou le fonds européen pouvant éventuellement cofinancer votre projet.

Le but de ce guide est de vous aider dans cette tâche. Dans un premier temps, vous allez comprendre comment sont financées ces subventions, comment elles s'organisent et quelles politiques européennes elles contribuent à mettre en œuvre.

Ensuite, les programmes et les fonds européens seront présentés tour à tour et de façon brève. Vous pourrez ainsi identifier leur thématique et leurs priorités, et vous trouverez les liens vers les sites internet où vous pourrez obtenir les informations complémentaires pour vous permettre de déposer votre candidature.

Ce guide est valable pour la période 2016-2017. Certaines informations s'adressent à des porteurs de projet établis en France, toutefois la majorité d'entre elles reste valable pour les autres États membres de l'Union européenne.

Enfin, si vous souhaitez obtenir des conseils pour le montage de votre projet, la préparation de votre demande de subvention, et pour la gestion du projet une fois la subvention obtenue, vous pouvez consulter le guide que j'ai rédigé précédemment, intitulé «*Bonnes pratiques pour le montage et la gestion de projet - Deuxième version*».

***

# À propos de moi...

Retrouvez-moi :

- Sur mon blog : www.europroje-c-ts.blogspot.com

- Sur Twitter : www.twitter.com/EmHochart

- Sur Facebook : www.facebook.com/hochart.e

- Sur LinkedIn : fr.linkedin.com/in/ehochart

En 2014, j'ai réalisé un stage de six mois au sein de l'équipe chargée des financements externes à l'East Sussex County Council au Royaume-Uni. Je suis diplômée d'un master en Management international spécialisé dans la conduite de projets européens, obtenu à l'Université de Picardie Jules Verne en France. En tant que Chargée de mission Europe, mes missions consistent principalement à sensibiliser le public sur les subventions européennes disponibles et à assister les chargés de projet dans le montage et la gestion de celui-ci.

# SOMMAIRE

# INTRODUCTION

# 1. Le budget de l'Union européenne : présentation

Le budget de l'Union européenne est géré par la Commission européenne. Il est voté par les États membres via le Conseil de l'Union européenne et le Parlement européen.

Le budget de l'UE doit respecter plusieurs grands principes :
- <u>Unité et vérité budgétaire</u> : les ressources et les dépenses pour l'année financière à venir sont présentées et estimées dans un budget,
- <u>Universalité</u> : les ressources totales couvrent les dépenses totales du budget,
- <u>Annualité</u> : chaque année, le budget s'exécute du 1$^{er}$ janvier au 31 décembre,
- <u>Spécialité</u> : chaque dépense réalisée a été prévue dans un but précis,
- <u>Équilibre</u> : les dépenses se limitent au montant des ressources,
- <u>Unité de compte</u> : le budget est exprimé en euros,
- <u>Bonne gestion financière et transparence</u> : le calcul du budget et les dépenses doivent se faire avec un objectif d'économie et d'efficacité. Les documents officiels concernant le budget (rapports, bilans, amendements) sont publiés au Journal officiel de l'Union européenne (JOUE).

## Le Cadre financier pluriannuel

Le budget de l'UE s'organise en Cadres financiers pluriannuels qui visent à plafonner en plusieurs catégories les dépenses prévues pour les cinq prochaines années au minimum.
Le système du Cadre financier pluriannuel a été mis en place en 1988 par Jacques Delors, à l'époque Président de la Commission européenne. L'objectif était de limiter les désaccords entre les États membres et les institutions européennes, lesquels pouvaient déboucher sur des crises institutionnelles et politiques lors du vote du budget au cours des années 1980.

Pour la période 2014-2020, le Cadre financier pluriannuel s'élève à près de 960 milliards d'euros.

## Le vote annuel du budget

Un budget annuel doit être voté en respectant les plafonds fixés par le Cadre financier pluriannuel. La Commission européenne doit faire une proposition de budget avant le 1$^{er}$ septembre de l'année précédente. Le Conseil de l'Union européenne réunissant les ministres du Budget des 28 États membres et le Parlement européen doivent chacun s'exprimer sur la proposition de budget via un vote. En cas de désaccord entre les parties, un comité de conciliation est mis en place. Si le désaccord persiste, la Commission européenne devra faire une nouvelle proposition de budget.

Pour l'année 2016, le budget de l'UE s'élève à près de 155 milliards d'euros (crédits d'engagements*).

*Les crédits d'engagements sont supérieurs aux crédits de paiement, qui correspondent aux montants qui devraient être payés par l'UE au cours de l'année.*

# Les ressources du budget de l'UE

Les ressources se partagent en deux catégories :

- **Les ressources propres**

Les ressources propres représentent 99% des ressources totales. Elles comprennent :

- Les **ressources propres traditionnelles** provenant :
  - Des droits de douane mis en place aux frontières extérieures de l'UE,
  - Des prélèvements agricoles réalisés sur les importations vers l'UE de produits couverts par la Politique agricole commune (PAC),
  - Des cotisations sur la production de sucre au sein de l'UE,
- Les **ressources propres nouvelles** provenant de :
  - La ressource « TVA » : chaque État membre reverse une contribution au budget de l'UE de manière équilibrée selon le montant de la TVA qu'il perçoit,
  - La ressource « revenu national brut (RNB) » : un pourcentage est prélevé sur le RNB de chaque État membre, seulement si les autres ressources ne sont pas suffisantes pour constituer le budget de l'UE.

- **Les autres ressources**

Les autres ressources représentent 1% des ressources totales. Elles comprennent :

- Les impôts et prélèvements sur les rémunérations du personnel de l'UE,
- Les intérêts bancaires,
- Les contributions de pays n'étant pas membre de l'UE mais ayant signé un accord de participation à certains programmes,
- Les intérêts de retard et les amendes.

# Les catégories de dépenses

En accord avec les priorités politiques européennes votées pour la période 2014-2020, les catégories de dépenses actuelles sont les suivantes :

**1/ Croissance intelligente et inclusive**

    a/ Compétitivité pour la croissance et l'emploi

    b/ Cohésion économique, sociale et territoriale

**2/ Croissance durable : ressources naturelles**

**3/ Sécurité et citoyenneté**

**4/ L'Europe dans le monde**

**5/ Administration** : *cette rubrique couvre toutes les dépenses administratives concernant les salaires des fonctionnaires de l'UE et leur retraite.*

**6/ Compensations** : *cette rubrique a été mise en place pour s'assurer que la contribution au budget de la Croatie, nouvel État membre depuis le 1er juillet 2013, ne dépasse pas le montant du budget qui lui est destiné au cours de sa première année d'adhésion.*

> Les États membres versent également une contribution n'entrant pas dans le cadre du budget de l'UE pour financer la Politique étrangère et de sécurité commune (PESC)
> et le Fonds européen de développement (FED) destiné aux pays d'Afrique, des Caraïbes et du Pacifique (ACP) signataires de l'accord de Cotonou.

# 2. Le budget de l'Union européenne : historique

## Les différentes périodes de programmation

Depuis la création des Cadres financiers pluriannuels par Jacques Delors en 1988, différentes périodes de programmation du budget de l'UE ont été mises en place :

1. 1988-1992 (« paquet Delors I »),
2. 1993-1999 (« paquet Delors II »),
3. 2000-2006 (« Agenda 2000 »),
4. 2007-2013,
5. 2014-2020.

## Création et évolution des Fonds européens

Les Fonds européens ont pour but de soutenir les États membres dans la mise en œuvre des politiques européennes. Les premiers ont été créés dès 1957, lors de la signature du Traité de Rome instituant la Communauté économique européenne (CEE) :

- **1957** : création du Fonds social européen (FSE),
- **1962** : prévue dès le Traité de Rome, la Politique agricole commune (PAC) est mise en place et financée par le Fonds européen d'orientation et de garantie agricole (FEOGA), lequel se découpe en deux parties :
  - Section Garantie pour la politique des marchés et des prix,
  - Section Orientation pour le développement rural,
- **1973** : création du Fonds européen de développement régional (FEDER),
- **1993** : création de l'Instrument financier d'orientation de la pêche (IFOP),
- **1994** : création du Fonds de cohésion,
- **2007** :
  - le Fonds européen agricole de garantie (FEAGA) remplace le FEOGA section Garantie,
  - le Fonds européen agricole pour le développement rural (FEADER) remplace le FEOGA section Orientation,
- **2007** : le Fonds européen pour la pêche (FEP) remplace l'IFOP,
- **2014** : le Fonds européen pour les affaires maritimes et la pêche (FEAMP) remplace le FEP.

# 3. Les stratégies et priorités de l'Union européenne

## Contexte

Afin d'encadrer les différentes politiques européennes mises en place, des stratégies sont établies en vue d'atteindre des objectifs chiffrés sur une période donnée. Chaque État membre est tenu de tout mettre en œuvre pour y parvenir.

## Évolution

### La période 2007-2013

Pour la période de programmation 2007-2013, des Orientations stratégiques communautaires (OSC) ont été choisies :

- Faire de l'Europe et ses régions un endroit plus attractif pour investir et travailler,
- Améliorer la connaissance et l'innovation au service de la croissance,
- Avoir accès à des emplois plus nombreux et de meilleure qualité,
- Renforcer la cohésion territoriale et la coopération.

À cela s'ajoutait deux stratégies :

- **La Stratégie de Lisbonne** : faire de l'UE en 2010 « l'économie de la connaissance la plus compétitive et la plus dynamique du monde, capable d'une croissance économique durable accompagnée d'une amélioration quantitative et qualitative de l'emploi et d'une plus grande cohésion sociale »,
- **La Stratégie de Göteborg** : inscrire l'UE dans une politique de développement durable, sur un volet écologique, social et économique.

## *La période 2014-2020*

Pour la période de programmation 2014-2020, une nouvelle stratégie appelée EUROPE 2020, définie en 2010, sert de ligne de conduite. Ses objectifs à atteindre avant 2020 sont les suivants :

- Croissance intelligente :
  - Une stratégie numérique pour l'Europe,
  - Une Union pour l'innovation,
  - Jeunesse en mouvement,
- Croissance durable :
  - Une Europe efficace dans l'utilisation des ressources,
  - Une politique industrielle à l'ère de la mondialisation,
- Croissance inclusive :
  - Une stratégie pour les nouvelles compétences et les nouveaux emplois,
  - Une plateforme européenne contre la pauvreté.

Un **Cadre stratégique commun (CSC) 2014-2020** a été établi pour transposer cette stratégie en objectifs thématiques :

1. Renforcer la recherche, le développement technologique et l'innovation,
2. Améliorer l'accès aux technologies de l'information et de la communication (TIC), leur utilisation et leur qualité,
3. Renforcer la compétitivité des PME,
4. Soutenir la transition vers une économie à faibles émissions de $CO_2$ dans tous les secteurs,
5. Promouvoir l'adaptation aux changements climatiques ainsi que la prévention et la gestion des risques,
6. Protéger l'environnement et promouvoir l'utilisation rationnelle des ressources,
7. Promouvoir le transport durable et supprimer les obstacles dans les infrastructures de réseaux essentielles,
8. Promouvoir l'emploi et soutenir la mobilité de la main-d'œuvre,
9. Promouvoir l'inclusion sociale et lutter contre la pauvreté,
10. Investir dans l'éducation, les compétences et la formation tout au long de la vie,
11. Renforcer les capacités institutionnelles et l'efficacité de l'administration publique.

Le CSC vise les Fonds européens structurels et d'investissement (FESI), mais il sert aussi de référence pour les programmes sectoriels pour permettre une interaction avec les FESI et démultiplier leur impact.

# 4. Comment bénéficier de financements européens ?

## Les appels à projets (ou appels à propositions)

Pour chaque programme sectoriel ou fonds structurel, différents appels à projets sont organisés. Après s'être assuré que le projet respecte les critères d'éligibilité de l'appel, il faut soumettre sa candidature avant une date limite.

Pour la période 2014-2020, un système d'envoi des candidatures et de gestion des projets par voie électronique a été mis en place (sauf cas particuliers).
Des éléments d'information concernant les demandes de subvention sont disponibles dans les fiches programmes de ce guide.

## Les appels d'offres

Les institutions européennes peuvent lancer des appels d'offres pour obtenir des biens et des services particuliers, tels que la réalisation d'études, l'organisation de conférences, l'obtention de matériel informatique, etc.

Les appels d'offres sont publiés au Journal officiel de l'Union européenne (JOUE).

## Les prêts et garanties

La Banque européenne d'investissement (BEI) peut soutenir les entreprises et les collectivités territoriales via des prêts accordés par des établissements intermédiaires. Elle peut également accorder des prêts directement pour financer de grands projets dont le coût dépasse 25 millions d'euros. Ces projets doivent contribuer à la mise en œuvre de la politique menée par l'UE pour la croissance, l'emploi, la cohésion régionale et la viabilité environnementale.

Les entreprises ont la possibilité d'obtenir des prêts et des garanties pour financer leur création ou le développement de leurs activités, par le biais de banques ou de fonds particuliers mis en place au niveau local.
Le site www.accesse2finance.eu est disponible pour plus d'information.

# 5. Les fonds et programmes européens

## Résumé

Nous avons vu précédemment que :

- Les États membres contribuent financièrement au budget de l'Union européenne, lequel est encadré par un Cadre financier pluriannuel d'une durée minimale de cinq ans,

- Des stratégies et des objectifs, définis pour chaque décennie, servent de base pour établir les catégories de dépenses du Cadre financier pluriannuel,

- Ce sont ces catégories de dépenses et la part du budget qui leur est attribuée qui va permettre de financer les différents fonds et programmes européens, lesquels vont mettre à disposition des subventions.

## Le système des subventions européennes

Les subventions européennes dépendent d'un fonds ou d'un programme européen particulier, en fonction du domaine d'action. Il existe différentes catégories de fonds et programmes européens :

- **Les programmes sectoriels** : chacun d'entre eux intervient dans un domaine d'action spécifique, par exemple la jeunesse, la recherche, la citoyenneté européenne, etc. Plusieurs critères sont à respecter, avec notamment la mise en place d'un partenariat transnational (selon les programmes),

- **Les Fonds européens structurels et d'investissement (FESI)** : les Fonds servent à financer des projets sur le long-terme à un niveau régional. Contrairement aux programmes sectoriels, un partenariat transnational n'est pas requis (sauf dans le cadre de la Coopération territoriale européenne *(voir FEDER - Coopération territoriale européenne (INTERREG)*).

- **Les autres instruments** : différentes initiatives, par exemple technologiques, sont financées par l'Union européenne. Des fonds existent également pour contribuer à la promotion des valeurs européennes (Droits de l'Homme, démocratie, lutte contre le changement climatique, etc.) auprès des pays tiers en voie de développement, partenaires de l'UE.

Les subventions européennes étant directement liées au Cadre financier pluriannuel pour le budget de l'UE, les fonds et programmes européens sont revus tous les sept ans.

**Pour la période 2014-2020**, ils se présentent de cette manière :

## Les programmes sectoriels

- **Compétitivité pour la croissance et l'emploi**
  - Mécanisme pour l'interconnexion en Europe (MIE)
  - Compétitivité des entreprises et des PME (COSME)
  - Douanes, fiscalité et lutte contre la fraude
  - Programme pour l'emploi et l'innovation sociale (EaSI)
  - ERASMUS+
  - HORIZON 2020
- **Croissance durable: ressources naturelles**
  - LIFE
- **Sécurité et citoyenneté**
  - Fonds «Asile, migration et intégration»
  - Programme Consommateurs
  - EUROPE CRÉATIVE
  - L'EUROPE POUR LES CITOYENS
  - Denrées alimentaires et aliments pour animaux
  - Santé
  - Fonds pour la sécurité intérieure
  - Justice
  - Droits, égalité et citoyenneté

## Les Fonds européens structurels et d'investissement (FESI)

- **Cohésion économique, sociale et territoriale**
  - Fonds de cohésion
  - Fonds européen de développement régional (FEDER)
    - Coopération territoriale européenne (INTERREG)
  - Fonds social européen (FSE)
    - Initiative pour l'emploi des jeunes (IEJ)
- **Croissance durable: ressources naturelles**
  - Fonds européen pour les affaires maritimes et la pêche (FEAMP)
  - Fonds européen agricole pour le développement rural (FEADER)

## Autres instruments

- **Compétitivité pour la croissance et l'emploi**
  - Initiatives spécifiques (ITER, Copernicus, Galileo, etc.)
  - Fonds européen d'ajustement à la mondialisation (FEM)
  - Fonds européen d'aide aux plus démunis (FEAD)
- **L'Europe dans le monde**
  - Instrument de financement de la coopération au développement
  - EU Aid Volunteers
  - Instrument européen pour la démocratie et les droits de l'homme
  - Protection civile de l'UE et centre européen de réaction d'urgence
  - L'instrument européen de voisinage et de partenariat (IEVP)
  - Aide humanitaire
  - Instrument d'aide de préadhésion (IAP II)
  - Instrument contribuant à la stabilité et à la paix
  - Instrument de partenariat (IP)
- Etc.

Voici quelques programmes de **la période 2007-2013** qu'il peut être utile de retenir :

| 2007-2013 | 2014-2020 |
|---|---|
| Programme pour l'éducation et la formation tout au long de la vie (LLP)<br>• COMENIUS<br>• ERASMUS<br>• LEONARDO DA VINCI<br>• GRUNDTVIG<br>• PROGRAMME TRANSVERSAL<br>• PROGRAMME JEAN MONNET<br><br>Programme européen Jeunesse en action (PEJA) | ERASMUS+ |
| $7^{ème}$ Programme-cadre pour la recherche et le développement technologique (PCRD7) | HORIZON 2020 |
| LIFE+ | LIFE |
| CULTURE<br><br>MEDIA<br><br>MEDIA MUNDUS | EUROPE CRÉATIVE |
| Programme Citoyenneté | L'EUROPE POUR LES CITOYENS |
| Droits fondamentaux et citoyenneté<br><br>DAPHNÉ III<br><br>PROGRESS: volets « non-discrimination » et « égalité entre les femmes et les hommes » | DROITS, ÉGALITÉ ET CITOYENNETÉ |

# 6. La gestion des fonds et programmes européens

## Gestion générale et gestion directe

La Commission européenne est l'institution européenne qui gère le budget de l'UE. Certains programmes, fonds ou actions sont directement gérés par la Commission européenne via ses Directions générales (DG). Il s'agit de la gestion directe. Il existe 33 DG et chacune intervient dans un domaine d'action spécifique. Elles peuvent gérer un ou plusieurs programme(s) ou fonds européen(s) :

- Action pour le climat (CLIMA),
- Affaires économiques et financières (ECFIN),
- Affaires maritimes et pêche (MARE),
- Agriculture et développement rural (AGRI),
- Aide humanitaire et protection civile (ECHO),
- Budget (BUDG),
- Centre commun de recherche (JRC) ,
- Commerce (TRADE) ,
- Communication (COMM),
- Concurrence (COMP),
- Coopération internationale et développement (DEVCO),
- Éducation et culture (EAC),
- Emploi, affaires sociales et inclusion (EMPL),
- Énergie (ENER),
- Environnement (ENV),
- Eurostat (ESTAT),
- Fiscalité et union douanière (TAXUD),
- Informatique (DIGIT),
- Interprétation (SCIC),
- Justice et consommateurs (JUST),
- Marché intérieur, industrie, entrepreneuriat et PME (GROW),
- Migration et affaires intérieures (HOME),
- Mobilité et transports (MOVE),
- Politique régionale et urbaine (REGIO),
- Recherche et innovation (RTD),
- Réseaux de communication, contenu et technologies (CNECT),
- Ressources humaines et sécurité (HR),
- Santé et sécurité alimentaire (SANTE),
- Secrétariat général (SG),
- Service des instruments de politique étrangère (FPI),
- Stabilité financière, services financiers et union des marchés des capitaux (FISMA),
- Traduction (DGT),
- Voisinage et négociations d'élargissement (NEAR).

## Gestion par une agence (gestion indirecte)

Dans le cadre d'une **gestion indirecte**, des programmes européens ou des sous-programmes peuvent être mis en œuvre par des agences :

- **Agence exécutive :** elle est mise en place pour une période spécifique afin de gérer un ou plusieurs programme(s) européen(s). Elle peut se situer à Bruxelles ou à Luxembourg,

- **Agence décentralisée :** elle est mise en place pour une période spécifique dans le but de mener une mission particulière (par exemple pour des tâches techniques ou scientifiques).

## Gestion par l'État membre (gestion partagée)

- Pour les programmes sectoriels, des Agences nationales peuvent être désignées dans chaque État membre pour gérer un programme ou une sous-action d'un programme,

- Pour les Fonds européens structurels et d'investissement (FESI), chaque État membre signe un Accord de partenariat avec la Commission européenne : une enveloppe budgétaire leur est remise pour la mise en œuvre des politiques européennes au niveau national.

## Gestion au niveau local

- L'État redistribue l'enveloppe reçue aux régions, en fonction de leurs besoins et de leurs objectifs à atteindre,

- Dans les régions, les Préfectures gèrent une partie de l'enveloppe régionale, notamment le volet Emploi Inclusion du Fonds social européen (FSE),

- Depuis le début de la nouvelle période 2014-2020, les Conseils régionaux gèrent les Fonds européens selon les Programmes opérationnels (PO) mis en place pour le FEDER, le volet Formation du FSE, le FEADER, et le FEAMP le cas échéant,

- Des organismes gestionnaires peuvent être désignés en région pour gérer une partie de l'enveloppe budgétaire régionale pour le FSE.

La gestion des programmes INTERREG, financés par le FEDER, est particulière. Une autorité de gestion transnationale est désignée pour chacun d'entre eux *(voir FEDER - Coopération territoriale européenne (INTERREG)*.

# 7. Les subventions européennes

## L'obtention d'une subvention

Une subvention européenne ne peut intervenir qu'en complément d'autres sources de financement (ressources propres, subventions de fondations, aides publiques, etc.). C'est le principe de cofinancement.

Comme expliqué précédemment (*voir 4. Comment bénéficier de financements européens ?*), une subvention européenne pour cofinancer un projet peut être obtenue après un dépôt de candidature dans le cadre d'un appel à projets, et l'examen de la demande par un jury.

Si la demande de subvention est accordée, une convention de subvention devra être signée entre le partenariat, via le porteur de projet, et l'autorité de gestion du fonds ou du programme.

## La mise en œuvre du projet

Différentes conditions devront être respectées dans la mise en œuvre du projet cofinancé par l'UE :

- La mise en place des actions prévues par le partenariat en vue d'obtenir les résultats attendus,
- La bonne gestion financière du projet : le budget du projet préalablement calculé doit rester équilibré. L'argent de la subvention doit être utilisé pour le projet, il n'est pas permis de l'économiser pour garder la différence entre le coût effectif du projet et le montant versé,
- La dissémination des résultats du projet,
- La publicité, c'est-à-dire la référence au cofinancement européen obligatoire dans chaque activité menée dans le cadre du projet,
- L'évaluation de la mise en œuvre du projet,
- L'envoi des rapports intermédiaires et final à l'autorité de gestion.

## Après la clôture du projet

Le porteur de projet doit s'assurer de pouvoir justifier toutes les dépenses encourues dans le cadre du projet. La Commission européenne peut demander un audit plusieurs années après la clôture du projet, pour s'assurer que l'argent de la subvention a été utilisé à bon escient.

> *Pour plus d'information, vous pouvez consulter le guide de*
> **Bonnes pratiques pour le montage et la gestion de projet - Deuxième version**
> *rédigé par l'auteur.*

# LES PROGRAMMES SECTORIELS

# COMPÉTITIVITÉ DES ENTREPRISES ET DES PME (COSME)

## LES MOTS CLÉS

Commerce, entreprises et PME

## LES ACTIONS DU PROGRAMME

- **Faciliter l'accès des PME au financement**
  - Facilité «garantie de prêts»
  - Facilité «capital-investissement»
- **Développer l'accès aux marchés, à l'intérieur et à l'extérieur de l'UE**
  - Information sur la législation européenne et les programmes européens
  - Assistance pour trouver des partenariats intra ou extra-européens
  - Conseil sur les financements européens
  - Soutien à l'innovation et au transfert de technologie
  - Feedback des PME sur la législation européenne
- **Améliorer les conditions-cadres pour les entreprises**
  - Réduction de la charge administrative et législative pesant sur les entreprises
  - Améliorer la politique des entreprises
  - Mise en œuvre d'outils analytiques
  - Mise en place d'actions dédiées à des secteurs-clés, comme le tourisme
- **Promouvoir l'entrepreneuriat et la culture entrepreneuriale**
  - Plan d'action « Entrepreneuriat 2020 »

## LES CANDIDATS ÉLIGIBLES

Le programme vise les entreprises, les intermédiaires financiers (pour la mise en œuvre des instruments financiers), et les organismes publics ou privés pour les appels d'offres.

## LES CRITÈRES POUR LE PARTENARIAT

Selon les actions du programme, un partenariat transnational peut être requis.

## LA ZONE ÉLIGIBLE POUR LE PROGRAMME

Le programme est ouvert :
- Aux 28 pays de l'UE et à l'Islande (tant qu'un accord a été conclu avec l'UE),
- Aux pays candidats et potentiellement candidats à une adhésion à l'UE : *l'Albanie, l'ancienne République yougoslave de Macédoine, le Monténégro, la Serbie, la Turquie, la Bosnie-Herzégovine, le Kosovo,*
- Aux pays de la politique européenne de voisinage (sous conditions) : *l'Algérie, l'Arménie, l'Azerbaïdjan, le Belarus, l'Égypte, la Géorgie, Israël, la Jordanie, le Liban, la Libye, le Maroc, la République de Moldavie, les territoires palestiniens occupés, la Syrie, la Tunisie et l'Ukraine,*
- Les pays tiers ayant signé un accord avec l'UE.

## LA SUBVENTION

La subvention se présente sous la forme d'un taux de cofinancement du coût total du projet, s'élevant de 50% à 95% selon les actions du programme.

## LES APPELS À PROJETS

Les appels à projets sont disponibles ici (en anglais) :

ec.europa.eu/growth/contracts-grants/calls-for-proposals/index_en.htm

## LE GUIDE DU PROGRAMME À TÉLÉCHARGER

Différents documents sont disponibles pour plus d'information sur le programme (en anglais) :

ec.europa.eu/DocsRoom/documents/15130?locale=fr

## LE DÉPÔT DE CANDIDATURE

La demande de subvention se fait via l'envoi d'un formulaire électronique sur le Portail des participants de la DG Recherche et innovation (RTD) : ec.europa.eu/research/participants/portal/desktop/en/home

## LE BUDGET DISPONIBLE POUR LE PROGRAMME

Pour la période 2014-2020, COSME dispose d'un budget de près de 2,3 milliards d'euros.

## LA GESTION DU PROGRAMME

Le programme est géré par la Commission européenne via la DG Marché intérieur, industrie, entrepreneuriat et PME (GROW). L'Agence exécutive pour les petites et moyennes entreprises (EASME) met en œuvre le programme.

## LA BASE JURIDIQUE DU PROGRAMME

Règlement (UE) n° 1287/2013 du Parlement européen et du Conseil du 11 décembre 2013.

## LES SITES INTERNET UTILES

- Site de la Commission européenne : ec.europa.eu/growth/smes/cosme/index_fr.htm
- Site de la Direction générale des entreprises (DGE) : www.entreprises.gouv.fr/politique-et-enjeux/programme-cosme
- Site du Ministère de l'Éducation nationale, de l'enseignement supérieur et de la recherche : www.horizon2020.gouv.fr/cid98996/les-objectifs-programme-cosme.html

# DENRÉES ALIMENTAIRES ET ALIMENTS POUR ANIMAUX

## LES MOTS CLÉS

Sécurité sanitaire des aliments, santé et bien-être des animaux, santé et matériel de reproduction des végétaux, alimentation

## LES ACTIONS DU PROGRAMME

- Santé animale
    - Mesures d'urgence
    - Programmes d'éradication, de lutte et de surveillance des maladies animales et des zoonoses
- Santé végétale
    - Mesures d'urgence
    - Programmes de prospection concernant la présence d'organismes nuisibles
    - Programmes de lutte contre les organismes nuisibles dans les régions ultrapériphériques de l'UE
- Soutien financier aux contrôles officiels et à d'autres activités
- Autres mesures
    - Systèmes d'information
    - Application et adaptation des règles

## LES CANDIDATS ÉLIGIBLES

Le programme est ouvert :
- Aux autorités compétentes dans les États membres,
- Aux organisations internationales actives dans les domaines visés.

## LES CRITÈRES POUR LE PARTENARIAT

Un partenariat transnational est une valeur ajoutée au projet mais n'est pas requis.

## LA ZONE ÉLIGIBLE POUR LE PROGRAMME

Le programme est ouvert aux 28 États membres. Selon les actions, les pays tiers partenaires peuvent recevoir une subvention dans le cadre du programme.

## LA SUBVENTION

La subvention se présente sous la forme d'un taux de cofinancement du coût total du projet, s'élevant à 50% au maximum. Il peut s'élever jusqu'à 75% ou 100% dans des cas particuliers.

## LES APPELS À PROJETS

Selon les actions, les subventions peuvent être accordées en dehors d'un appel à propositions. Plus d'information disponible dans le programme de travail annuel.

## LE GUIDE DU PROGRAMME À TÉLÉCHARGER

Le programme de travail 2016 est disponible en ligne :

ec.europa.eu/dgs/health_food-safety/funding/cff/index_en.htm

## LE DÉPÔT DE CANDIDATURE

La demande de subvention se fait via l'envoi d'un formulaire par voie postale ou par voie électronique. Plus d'information disponible dans le programme de travail.

## LE BUDGET DISPONIBLE POUR LE PROGRAMME

Pour la période 2014-2020, DENRÉES ALIMENTAIRES ET ALIMENTS POUR ANIMAUX dispose d'un budget de près de 1,9 milliard d'euros.

## LA GESTION DU PROGRAMME

Le programme est géré par la Commission européenne via la DG Santé et sécurité alimentaire (SANTE). Certaines actions sont mises en œuvre par l'Agence exécutive pour les consommateurs, la santé, l'agriculture et les aliments (CHAFEA).

## LA BASE JURIDIQUE DU PROGRAMME

Règlement (UE) n° 652/2014 du Parlement européen et du Conseil du 15 mai 2014.

## LES SITES INTERNET UTILES

- Site de la Commission européenne : ec.europa.eu/dgs/health_food-safety/index_fr.htm
- Site de l'Autorité européenne de sécurité des aliments (EFSA) : www.efsa.europa.eu/fr

# DOUANES, FISCALITÉ ET LUTTE CONTRE LA FRAUDE

## LES MOTS CLÉS

Douane, fiscalité, lutte contre la fraude, contrefaçon et faux monnayage

## LES ACTIONS DU PROGRAMME

- **DOUANES ET FISCALITÉ**
  - Douane 2020 : protéger les intérêts financiers et économiques de l'Union et des États membres,
  - Fiscalis 2020 : améliorer le bon fonctionnement des systèmes fiscaux dans le marché intérieur,
- **LUTTE CONTRE LA FRAUDE**
  - Pericles 2020 : prévenir et combattre le faux monnayage et les fraudes connexes,
  - Hercule III : protéger les intérêts financiers de l'Union, renforcer la compétitivité de l'économie de l'Union et assurer la protection de l'argent du contribuable.

## LES CANDIDATS ÉLIGIBLES

Le programme est ouvert :
- Douane 2020 et Fiscalis 2020 : aux autorités compétentes,
- Pericles 2020 : aux services compétents, services de renseignement, banques centrales nationales, corps judiciaires, Chambres de commerce et d'industries (CCI) (ou équivalent),
- Hercule III : aux administrations compétentes, instituts de recherche et d'enseignement, organisations à but non lucratif actives dans le domaine.

## LES CRITÈRES POUR LE PARTENARIAT

Selon l'action du programme, un partenariat transnational peut être requis.

## LA ZONE ÉLIGIBLE POUR LE PROGRAMME

Le programme est ouvert :
- Aux 28 pays de l'UE, au Liechtenstein, à la Norvège et à la Suisse (tant qu'un accord a été conclu),
- Aux pays candidats et potentiellement candidats à une adhésion à l'UE : *l'Albanie, l'ancienne République yougoslave de Macédoine, le Monténégro, la Serbie, la Turquie, la Bosnie-Herzégovine, le Kosovo,*
- Aux pays de la politique européenne de voisinage (sous conditions) : *l'Algérie, l'Arménie, l'Azerbaïdjan, le Belarus, l'Égypte, la Géorgie, Israël, la Jordanie, le Liban, la Libye, le Maroc, la République de Moldavie, les territoires palestiniens occupés, la Syrie, la Tunisie et l'Ukraine,*

- Pericles 2020 : pays de la Zone Euro (*Allemagne, Autriche, Belgique, Chypre, Espagne, Estonie, Finlande, France, Grèce, Irlande, Italie, Lettonie, Lituanie, Luxembourg, Malte, Pays-Bas, Portugal, Slovaquie, Slovénie*),
- Hercule III : sauf la Suisse

## LA SUBVENTION

La subvention se présente sous la forme d'un taux de cofinancement sur le coût total du projet :

- Douane 2020 et Fiscalis 2020 : entre 50% et 100% selon l'action,
- Pericles 2020 : 75% (90% en cas exceptionnel),
- Hercule III : 80% (90% en cas exceptionnel).

## LES APPELS À PROJETS

Les appels à projets sont disponibles ici :

- Douane 2020 et Fiscalis 2020 : pas d'appel,
- Pericles 2020 : ec.europa.eu/dgs/economy_finance/procurement_grants/grants/proposals/ecfin_2016_001r6_en.htm
- Hercule III : ec.europa.eu/anti-fraud/policy/hercule/hercule-iii_en

## LE GUIDE DU PROGRAMME À TÉLÉCHARGER

Le programme de travail 2016 est disponible ici :

- Douane 2020 et Fiscalis 2020 :
  ec.europa.eu/taxation_customs/resources/documents/taxation/tax_cooperation/fiscalis_programme/legal_texts_docs/cf_awp_fr.pdf
- Pericles 2020 :
  ec.europa.eu/dgs/economy_finance/procurement_grants/callforproposals/2016/001r6/c_2016_316_f1_annex_en_v3_p1_838024_en.pdf
- Hercule III :
  ec.europa.eu/anti-fraud/sites/antifraud/files/ta1_specifications_call_2016_en.pdf

## LE DÉPÔT DE CANDIDATURE

- Douane 2020 et Fiscalis 2020 : envoi direct à la DG TAXUD,
- Pericles 2020 : envoi de la candidature par voie postale (plus d'information dans l'appel à propositions),
- Hercule III : envoi par voie postale et par voie électronique (plus d'information dans l'appel à propositions).

## LE BUDGET DISPONIBLE POUR LE PROGRAMME

Pour la période 2014-2020, DOUANES, FISCALITÉ ET LUTTE CONTRE LA FRAUDE dispose d'un budget de près de 908 millions d'euros.

## LA GESTION DU PROGRAMME

- Douane 2020 et Fiscalis 2020 sont gérés par la DG Fiscalité et union douanière (TAXUD),
- Pericles 2020 est géré par la DG Affaires économiques et financières (ECFIN),
- Hercule III est géré par l'Office européen de lutte antifraude (OLAF).

## LA BASE JURIDIQUE DU PROGRAMME

- <u>Douane 2020</u> : Règlement (UE) n° 1294/2013 du Parlement européen et du Conseil du 11 décembre 2013,
- <u>Fiscalis 2020</u> : Règlement (UE) n° 1286/2013 du Parlement européen et du Conseil du 11 décembre 2013,
- <u>Pericles 2020</u> : Règlement (UE) n° 331/2014 du Parlement européen et du Conseil du 11 mars 2014,
- <u>Hercule III</u> : Règlement (UE) n° 250/2014 du Parlement européen et du Conseil du 26 février 2014.

## LES SITES INTERNET UTILES

- <u>Douane 2020</u> : ec.europa.eu/taxation_customs/customs/cooperation_programmes/index_fr.htm
- <u>Fiscalis 2020</u> : ec.europa.eu/taxation_customs/taxation/tax_cooperation/fiscalis_programme/index_fr.htm
- <u>Pericles 2020</u> : ec.europa.eu/economy_finance/euro/cash/pericles/index_en.htm
- <u>Hercule III</u> : ec.europa.eu/anti_fraud/policy/hercule-iii/index_en.htm

# DROITS, ÉGALITÉ ET CITOYENNETÉ

## LES MOTS CLÉS

Lutte contre les inégalités et les violences, non-discrimination, protection des citoyens européens, justice

## LES ACTIONS DU PROGRAMME

- **GARANTIR LA PROTECTION DES DROITS ET DONNER DES MOYENS D'ACTION AUX CITOYENS**
  - Daphné – prévenir et combattre toutes les formes de violence envers les enfants, les jeunes et les femmes ainsi que la violence envers les autres groupes à risque, et notamment les groupes exposés au risque de violences exercées par des proches, et protéger les victimes de cette violence,
  - Promouvoir et protéger les droits de l'enfant,
  - Contribuer à assurer le niveau le plus élevé de protection de la vie privée et des données à caractère personnel,
  - Promouvoir et contribuer à renforcer l'exercice des droits découlant de la citoyenneté de l'Union,
  - Donner aux personnes, en leur qualité de consommateurs ou d'entrepreneurs au sein du marché intérieur, les moyens de faire respecter leurs droits découlant du droit de l'Union, compte tenu des projets financés dans le cadre du programme «consommateurs»,
- **PROMOUVOIR LA NON-DISCRIMINATION ET L'ÉGALITÉ**
  - Promouvoir la mise en œuvre effective du principe de non-discrimination en raison du sexe, de l'origine raciale ou ethnique, de la religion ou des convictions, d'un handicap, de l'âge ou de l'orientation sexuelle et le respect du principe de non-discrimination pour les motifs prévus à l'article 21 de la charte,
  - Prévenir le racisme, la xénophobie, l'homophobie et d'autres formes d'intolérance et combattre ces phénomènes,
  - Promouvoir et protéger les droits des personnes handicapées,
  - Promouvoir l'égalité entre les femmes et les hommes et faire progresser l'intégration, dans les politiques, des questions d'égalité entre les femmes et les hommes.

## LES CANDIDATS ÉLIGIBLES

Le programme vise les organisations du public ou du privé. Les organisations à but lucratif peuvent participer au projet seulement si elles sont associées à des organisations publiques ou à but non lucratif.

## LES CRITÈRES POUR LE PARTENARIAT

Selon les actions du programme, un partenariat transnational peut être requis.

## LA ZONE ÉLIGIBLE POUR LE PROGRAMME

Le programme est ouvert :

- Aux 28 pays de l'UE, à l'Islande et au Liechtenstein (tant qu'un accord a été conclu avec l'UE),
- Aux pays candidats et potentiellement candidats à une adhésion à l'UE : *l'Albanie, l'ancienne République yougoslave de Macédoine, le Monténégro, la Serbie, la Turquie, la Bosnie-Herzégovine, le Kosovo,*
- Aux pays de la politique européenne de voisinage : *l'Algérie, l'Arménie, l'Azerbaïdjan, le Belarus, l'Égypte, la Géorgie, Israël, la Jordanie, le Liban, la Libye, le Maroc, la République de Moldavie, les territoires palestiniens occupés, la Syrie, la Tunisie et l'Ukraine.*

## LA SUBVENTION

La subvention se présente sous la forme d'un taux de cofinancement sur le coût total du projet, pouvant varier de 80% à 95% selon l'action du programme.

## LES APPELS À PROJETS

Les appels à projets sont disponibles ici (en anglais) :

ec.europa.eu/research/participants/portal/desktop/en/opportunities/rec/index.html

## LE GUIDE DU PROGRAMME À TÉLÉCHARGER

Le programme de travail 2015 est disponible ici :

ec.europa.eu/justice/grants1/programmes-2014-2020/files/rec_awp_2015_annex_fr.pdf

## LE DÉPÔT DE CANDIDATURE

La demande de subvention se fait via l'envoi d'un formulaire électronique sur le Portail des participants de la DG Recherche et innovation (RTD) :

ec.europa.eu/research/participants/portal/desktop/en/opportunities/rec/index.html

## LE BUDGET DISPONIBLE POUR LE PROGRAMME

Pour la période 2014-2020, DROITS, ÉGALITÉ ET CITOYENNETÉ dispose d'un budget de près de 439,5 millions d'euros.

## LA GESTION DU PROGRAMME

Le programme est géré par la Commission européenne via la DG Justice et consommateurs (JUST).

## LA BASE JURIDIQUE DU PROGRAMME

Règlement (UE) n° 1381/2013 du Parlement européen et du Conseil du 17 décembre 2013.

## LES SITES INTERNET UTILES

- Site de la Commission européenne : ec.europa.eu/justice/grants1/programmes-2014-2020/rec/index_fr.htm

# ERASMUS+

Erasmus+

## LES MOTS CLÉS

Jeunesse, éducation, enseignement supérieur, formation professionnelle, formation des adultes, apprentissage informel au sein de la jeunesse, sport

## LES ACTIONS DU PROGRAMME

- **ACTION CLÉ 1** : **Mobilité des jeunes et des travailleurs de jeunesse à des fins d'apprentissage**
  - Projets de mobilité pour les étudiants et le personnel de l'enseignement supérieur
  - Projets de mobilité pour les apprenants et le personnel de l'enseignement et de la formation professionnelle (EFP)
  - Projets de mobilité pour le personnel de l'enseignement scolaire
  - Projets de mobilité pour le personnel de l'éducation des adultes
  - Projets de mobilité pour les jeunes et les animateurs de jeunes
  - Manifestations à grande échelle dans le cadre du service volontaire européen (SVE)
  - Masters conjoints Erasmus Mundus
  - Prêts pour masters Erasmus+
- **ACTION CLÉ 2 : Coopération et partenariat pour l'innovation et le partage d'expériences**
  - Partenariats stratégiques dans les domaines de l'éducation, de la formation et de la jeunesse
  - Alliances de la connaissance
  - Alliances sectorielles pour les compétences
  - Renforcement des capacités dans le domaine de l'enseignement supérieur
  - Renforcement des capacités dans le domaine de la jeunesse
- **ACTION CLÉ 3 : Soutien à la réforme des politiques**
  - Rencontres entre les jeunes et les décideurs dans le domaine de la jeunesse
- **ACTIVITÉS JEAN MONNET : études sur l'Union européenne**
  - Modules Jean Monnet
  - Chaires Jean Monnet
  - Centres d'excellence Jean Monnet
  - Soutien Jean Monnet à des institutions et associations
  - Réseaux Jean Monnet (débat politique avec le monde universitaire)
  - Projets Jean Monnet (débat politique avec le monde universitaire)
- **SPORT :**
  - Projets de collaboration
  - Petits projets de collaboration
  - Manifestations sportives européennes à but non lucratif

## LES CANDIDATS ÉLIGIBLES

En fonction des actions du programme, celui-ci est ouvert à « toute organisation active dans les domaines de l'éducation, de la formation, de la jeunesse ou du sport ». Les acteurs du marché du travail, comme les entreprises, peuvent participer à certaines actions du programme.

## LES CRITÈRES POUR LE PARTENARIAT

Un partenariat transnational est requis. Le nombre de partenaires et leur pays varient selon l'action-clé du programme.

## LA ZONE ÉLIGIBLE POUR LE PROGRAMME

Selon les actions, le programme est ouvert aux pays suivants :

- **Pays du programme** : 28 pays de l'UE, ancienne République yougoslave de Macédoine, Islande, Liechtenstein, Norvège, Turquie
- **Pays partenaires** : Région des Balkans occidentaux, régions du partenariat oriental, pays du sud de la Méditerranée, Fédération de Russie
- **Autres pays partenaires** : pays ayant signé un accord avec l'UE

NOTE : la participation au programme de la Suisse est actuellement limitée à certaines actions.

## LA SUBVENTION

La subvention se présente sous la forme de forfaits ou de pourcentage de coûts éligibles selon l'action-clé du programme. Des subventions maximales ne doivent pas être dépassées.

## LES APPELS À PROJETS

- Les appels pour les projets Éducation et Formation sont disponibles ici : www.erasmusplus.fr/penelope/fiches.php
- Les appels pour les projets Jeunesse et Sport sont disponibles ici : www.erasmusplus-jeunesse.fr/site/index.php?mact=News,cntnt01,detail,0&cntnt01articleid=11&cntnt01returnid=55
- Les appels à projets de l'Agence exécutive EACEA sont disponibles ici : eacea.ec.europa.eu/erasmus-plus/financement_fr

## LE GUIDE DU PROGRAMME À TÉLÉCHARGER

Toutes les informations sur le programme ERASMUS+ sont disponibles dans le guide du programme : ec.europa.eu/programmes/erasmus-plus/sites/erasmusplus/files/files/resources/erasmus-plus-programme-guide_fr.pdf

## LE DÉPÔT DE CANDIDATURE

La demande de subvention se fait via l'envoi d'un formulaire électronique sur le Portail des participants de l'Agence exécutive EACEA :
ec.europa.eu/education/participants/portal/desktop/fr/home.html

## LE BUDGET DISPONIBLE POUR LE PROGRAMME

Pour la période 2014-2020, le programme ERASMUS+ dispose d'un budget de près de 14,8 milliards d'euros.

## LA GESTION DU PROGRAMME

Au sein de la Commission européenne, le programme est rattaché à la DG Éducation et culture (EAC) :

- L'Agence exécutive Éducation, audiovisuel et culture (EACEA) basée à Bruxelles gère les actions suivantes :
  - ACTION CLÉ 1 (Masters conjoints Erasmus Mundus et Manifestations à grande échelle dans le cadre du service volontaire européen)
  - ACTION CLÉ 2 (Renforcement des capacités dans le domaine de la jeunesse; Renforcement des capacités dans le domaine de l'enseignement supérieur; Alliances de la Connaissance; Alliances Sectorielles pour les compétences)
  - ACTIVITÉS JEAN MONNET
  - SPORT
- L'Agence française Erasmus+ Éducation Formation gère les volets éducation et formation,
- L'Agence française Erasmus+ Jeunesse et Sport gère le volet jeunesse et anime le volet sport.

## LA BASE JURIDIQUE DU PROGRAMME

Règlement (UE) n° 1288/2013 du Parlement européen et du Conseil du 11 décembre 2013.

## LES SITES INTERNET UTILES

- Site de la Commission européenne : ec.europa.eu/programmes/erasmus-plus/node_fr
- Site de l'Agence exécutive EACEA : eacea.ec.europa.eu/erasmus-plus_fr
- Site officiel en France : www.erasmusplus.fr
- Site de l'Agence française Éducation et Formation : www.agence-erasmus.fr
- Site de l'Agence française Jeunesse et Sport : www.erasmusplus-jeunesse.fr/site

# EUROPE CRÉATIVE

Europe
Créative

## LES MOTS CLÉS

Arts, culture, création artistique, audiovisuel

## LES ACTIONS DU PROGRAMME

- **Initiatives du secteur culturel**
    - Coopération européenne entre les organisations culturelles et de création artistique,
    - Traduction et promotion d'œuvres littéraires à travers l'UE,
    - Réseaux pour la compétitivité et la transnationalité du secteur culturel et de la création artistique,
    - Plateformes pour promouvoir les jeunes artistes et stimuler la programmation européenne de travaux artistiques et culturels,
- **Initiatives du secteur audiovisuel**
    - Distribution des travaux et accès aux marchés,
    - Développement de projets ou d'un catalogue de projets,
    - Production de programmes télévisés ou de jeux vidéo,
    - Accès aux œuvres audiovisuelles,
    - Films, réseaux de cinéma ou festivals du film,
    - Co-production internationale, circulation et distribution des œuvres,
    - Compétences et capacités des professionnels du secteur audiovisuel,
- **Volet trans-sectoriel**
    - Mécanisme de garantie pour les secteurs culturel et de la création artistique,
    - Coopération de politique transnationale,
    - Réseau de bureaux Europe Créative.

## LES CANDIDATS ÉLIGIBLES

Le programme est ouvert aux organisations culturelles et de création artistique.

## LES CRITÈRES POUR LE PARTENARIAT

Un partenariat transnational peut être requis selon les actions du programme.

## LA ZONE ÉLIGIBLE POUR LE PROGRAMME

Les pays éligibles sont les 28 pays de l'UE, la Norvège, l'Islande, l'Albanie, la Bosnie-Herzégovine, l'ancienne République yougoslave de Macédoine, et le Monténégro.

La participation de la République de Serbie, de la Turquie, de la Géorgie, de la Moldavie et de l'Ukraine est soumise à conditions.

## LA SUBVENTION

La subvention se présente sous la forme d'un taux de cofinancement du coût total du projet. Celui-ci varie selon les actions du programme, allant de 50% à 80% pour le volet culture par exemple. Un système de forfaits peut également être mis en place.

## LES APPELS À PROJETS

Les appels à projets sont disponibles ici :

eacea.ec.europa.eu/europe-creative/financement_fr

## LE GUIDE DU PROGRAMME À TÉLÉCHARGER

Le guide de chaque sous-action est disponible lors du lancement de l'appel à projets correspondant :

eacea.ec.europa.eu/europe-creative/financement_fr

## LE DÉPÔT DE CANDIDATURE

La demande de subvention se fait via l'envoi d'un formulaire électronique sur le Portail des participants de l'Agence exécutive EACEA :

ec.europa.eu/education/participants/portal/desktop/fr/home.html

## LE BUDGET DISPONIBLE POUR LE PROGRAMME

Pour la période 2014-2020, EUROPE CRÉATIVE dispose d'un budget de près de 1,5 milliard d'euros.

## LA GESTION DU PROGRAMME

Le programme est rattaché à la DG Éducation et culture (EAC). L'Agence exécutive Éducation, audiovisuel et culture (EACEA) basée à Bruxelles met en œuvre le programme.

## LA BASE JURIDIQUE DU PROGRAMME

Règlement (UE) n° 1295/2013 du Parlement européen et du Conseil du 11 décembre 2013.

## LES SITES INTERNET UTILES

- Site de la Commission européenne : ec.europa.eu/culture/index_fr.htm
- Site de l'Agence exécutive EACEA : eacea.ec.europa.eu/europe-creative_fr
- Site du Point de contact national en France : www.europecreativefrance.eu
- Site du Point de contact national en France pour le sous-programme Media : www.mediafrance.eu

# FONDS ASILE MIGRATION INTÉGRATION (FAMI)

## LES MOTS CLÉS

Asile, immigration, intégration des personnes, flux migratoires

## LES ACTIONS DU PROGRAMME

- Renforcer et développer le régime d'asile européen commun, et améliorer la solidarité et le partage de responsabilité entre les États membres,
- Soutenir l'émigration légale vers l'Union européenne, promouvoir l'intégration effective des citoyens des pays tiers, et améliorer les stratégies de retour effectives et justes.

## LES CANDIDATS ÉLIGIBLES

Le programme est ouvert :
- Aux autorités nationales ou fédérales,
- Aux organismes publics locaux,
- Aux ONG,
- Aux organisations humanitaires,
- Aux entreprises de droit privé ou public,
- Aux organismes de recherche et d'enseignement.

## LES CRITÈRES POUR LE PARTENARIAT

Les projets transnationaux doivent inclure un partenariat de trois organisations à but non lucratif de trois pays différents.

## LA ZONE ÉLIGIBLE POUR LE PROGRAMME

Le programme est ouvert aux Etats membres de l'UE à l'exception du Danemark.

## LA SUBVENTION

La subvention se présente sous la forme d'un taux de cofinancement du coût total du projet, pouvant varier de 90% à 95% selon l'action du programme.

## LES APPELS À PROJETS

Les dépôts de demande de subvention se font en continu. Des dates limites sont fixées en fonction des réunions des comités thématiques nationaux.

Plus d'information disponible ici :
www.immigration.interieur.gouv.fr/Info-ressources/Fonds-europeens/Les-nouveaux-fonds-europeens-periode-2014-2020/Appel-a-projets-Fonds-Asile-Migration-et-Integration

## LE GUIDE DU PROGRAMME À TÉLÉCHARGER

Le guide du programme est disponible ici :

www.immigration.interieur.gouv.fr/Info-ressources/Fonds-europeens/Les-nouveaux-fonds-europeens-periode-2014-2020/Guide-du-porteur-de-projet-modeles-obligatoires-et-documents-type

## LE DÉPÔT DE CANDIDATURE

La demande de subvention se fait via l'envoi d'un formulaire électronique sur la plateforme ENVOL. Une copie devra également être envoyée par voie électronique.

Plus d'information disponible ici :

www.immigration.interieur.gouv.fr/Info-ressources/Fonds-europeens/Les-nouveaux-fonds-europeens-periode-2014-2020/Le-depot-de-votre-demande-de-subvention-au-titre-du-FAMI-et-du-FSI

## LE BUDGET DISPONIBLE POUR LE PROGRAMME

Pour la période 2014-2020, le FONDS ASILE MIGRATION INTÉGRATION dispose d'un budget de près de 3,14 milliards d'euros.

## LA GESTION DU PROGRAMME

Le programme est géré par la Commission européenne via la DG Migration et affaires intérieures (HOME). Des autorités nationales sont désignées dans chaque État membre : en France il s'agit de la Direction générale des étrangers en France (DGEF) au sein du Ministère de l'Intérieur.

## LA BASE JURIDIQUE DU PROGRAMME

Règlement (UE) n° 516/2014 du Parlement européen et du Conseil du 16 avril 2014.

## LES SITES INTERNET UTILES

- Site de la Commission européenne :
  ec.europa.eu/dgs/home-affairs/financing/fundings/migration-asylum-borders/asylum-migration-integration-fund/index_en.htm
- Site du Ministère de l'Intérieur :
  www.immigration.interieur.gouv.fr/Info-ressources/Fonds-europeens/Les-nouveaux-fonds-europeens-periode-2014-2020/Le-Fonds-Asile-Migration-Integration-FAMI-et-le-Fonds-Securite-Interieure-FSI

# FONDS DE SÉCURITÉ INTÉRIEURE (FSI)

## LES MOTS CLÉS

Sécurité, frontières extérieures, police, lutte contre la criminalité

## LES ACTIONS DU PROGRAMME

- **Volet Frontières et Visas (frontières extérieures) :** contribuer à assurer un niveau de sécurité élevé dans l'Union européenne tout en facilitant les voyages effectués de façon légitime,
- **Volet Police (coopération policière, prévention et répression de la criminalité, et gestion des crises) :** contribuer à assurer un niveau de sécurité élevé dans l'Union,
    - prévenir la criminalité, combattre la grande criminalité transfrontière organisée, y compris le terrorisme, et renforcer la coordination et la coopération notamment entre les autorités répressives et d'autres autorités nationales des États membres,
    - renforcer la capacité des États membres et de l'Union à gérer efficacement les risques liés à la sécurité et les crises, et se préparer et protéger les personnes et les infrastructures critiques contre les attentats terroristes et d'autres incidents liés à la sécurité.

## LES CANDIDATS ÉLIGIBLES

Le programme est ouvert :
- Aux États et aux autorités fédérales,
- Aux organismes publics locaux,
- Aux organisations non gouvernementales,
- Aux entreprises de droit public et privé,
- Aux organisations humanitaires
- Aux établissements d'enseignement et de recherche pour le volet Frontières et Visas (frontières extérieures) uniquement.

## LES CRITÈRES POUR LE PARTENARIAT

Selon les actions du programme, un partenariat transnational peut être requis.

## LA ZONE ÉLIGIBLE POUR LE PROGRAMME

À l'exception du Royaume-Uni et de l'Irlande, tous les États membres de l'UE peuvent participer au programme. L'Islande, le Liechtenstein, la Norvège et la Suisse ainsi que les pays tiers peuvent participer dans le cadre du volet Frontières et Visas (frontières extérieures).

## LA SUBVENTION

La subvention se présente sous la forme d'un taux de cofinancement du coût total du projet, s'élevant à 75%. Il peut s'élever jusqu'à 90% dans des cas particuliers.

## LES APPELS À PROJETS

Les dépôts de demande de subvention se font en continu. Des dates limites sont fixées en fonction des réunions des comités thématiques nationaux.

Plus d'information disponible ici :

- Volet Frontières et Visas : www.immigration.interieur.gouv.fr/Info-ressources/Fonds-europeens/Les-nouveaux-fonds-europeens-periode-2014-2020/Appel-a-projets-Fonds-pour-la-Securite-Interieure-FSI-volet-frontieres-et-visas
- Volet Police : ec.europa.eu/dgs/home-affairs/financing/fundings/security-and-safeguarding-liberties/internal-security-fund-police/union-actions/index_en.htm

## LE GUIDE DU PROGRAMME À TÉLÉCHARGER

Le guide du programme est disponible ici :

www.immigration.interieur.gouv.fr/Info-ressources/Fonds-europeens/Les-nouveaux-fonds-europeens-periode-2014-2020/Guide-du-porteur-de-projet-modeles-obligatoires-et-documents-type

## LE DÉPÔT DE CANDIDATURE

La demande de subvention se fait via l'envoi d'un formulaire électronique sur la plateforme ENVOL. Une copie devra également être envoyée par voie électronique.

Plus d'information disponible ici :

www.immigration.interieur.gouv.fr/Info-ressources/Fonds-europeens/Les-nouveaux-fonds-europeens-periode-2014-2020/Le-depot-de-votre-demande-de-subvention-au-titre-du-FAMI-et-du-FSI

## LE BUDGET DISPONIBLE POUR LE PROGRAMME

Pour la période 2014-2020, le FONDS DE SÉCURITÉ INTÉRIEURE dispose d'un budget de près de 3,8 milliards d'euros.

## LA GESTION DU PROGRAMME

Le programme est géré par la Commission européenne via la DG Migration et affaires intérieures (HOME). Des autorités nationales sont désignées dans chaque État membre : en France, il s'agit de la Direction générale des étrangers en France (DGEF) au sein du Ministère de l'Intérieur. La Direction de la coopération internationale (DCI) est l'autorité déléguée pour le Volet Police du programme.

## LA BASE JURIDIQUE DU PROGRAMME

- Volet Frontières et Visas : Règlement (UE) n° 515/2014 du Parlement européen et du Conseil du 16 avril 2014,
- Volet Police : Règlement (UE) n° 513/2014 du Parlement européen et du Conseil du 16 avril 2014.

## LES SITES INTERNET UTILES

- Site de la Commission européenne : ec.europa.eu/dgs/home-affairs/financing/fundings/security-and-safeguarding-liberties/
- Site du Ministère de l'Intérieur : www.immigration.interieur.gouv.fr/Info-ressources/Fonds-europeens/Les-nouveaux-fonds-europeens-periode-2014-2020/Le-Fonds-Asile-Migration-Integration-FAMI-et-le-Fonds-Securite-Interieure-FSI

# HORIZON 2020

## LES MOTS CLÉS

Recherche et développement, innovation

## LES ACTIONS DU PROGRAMME

- **Pilier 1 EXCELLENCE SCIENTIFIQUE :**
  - Conseil européen de la recherche (ERC)
  - Actions Marie Sklodowska-Curie
  - Technologies futures et émergentes (FET)
  - Infrastructures de recherche
- **Pilier 2 PRIMAUTÉ INDUSTRIELLE :**
  - Technologies de l'information et de la communication (TIC)
  - Technologies clés génériques (KET) :
    - Microélectronique, Photonique, Nanotechnologies, Matériaux avancés, Systèmes de production, Biotechnologies, Espace
  - Innovation dans les Petites et moyennes entreprises (PME)
  - Accès au financement à risque
- **Pilier 3 DÉFIS SOCIÉTAUX :**
  - Santé, bien-être, vieillissement
  - Sécurité alimentaire, bioéconomie
  - Énergies sûres, propres, efficaces
  - Transports intelligents, verts, intégrés
  - Climat, environnement, matières premières
  - Sociétés inclusives et novatrices et capables de réflexion
  - Sociétés sûres

Programmes transversaux :
- Diffusion de l'excellence et élargissement de la participation
- Science pour et avec la société
- Institut européen d'innovation et technologie (IET)
- Centre commun de recherche (Joint Research Center – JRC)
- EURATOM

## LES CANDIDATS ÉLIGIBLES

Le programme est ouvert à toutes les structures peu importe leur forme juridique.

## LES CRITÈRES POUR LE PARTENARIAT

Le partenariat doit inclure trois organisations basées dans trois États membres ou États associés différents et indépendantes les unes des autres. La participation d'un partenaire issu d'un État tiers est possible mais elle doit être essentielle au projet.

## LA ZONE ÉLIGIBLE POUR LE PROGRAMME

Le programme est ouvert :

- Aux 28 pays de l'UE, à l'Islande, le Liechtenstein, la Norvège (tant qu'un accord a été conclu avec l'UE),
- Aux pays candidats et potentiellement candidats à une adhésion à l'UE (tant qu'un accord a été conclu avec l'UE) : *l'Albanie, l'ancienne République yougoslave de Macédoine, le Monténégro, la Serbie, la Turquie, la Bosnie-Herzégovine, le Kosovo,*
- Aux pays de la politique européenne de voisinage (tant qu'un accord a été conclu avec l'UE) : *l'Algérie, l'Arménie, l'Azerbaïdjan, le Belarus, l'Égypte, la Géorgie, Israël, la Jordanie, le Liban, la Libye, le Maroc, la République de Moldavie, les territoires palestiniens occupés, la Syrie, la Tunisie et l'Ukraine.*
- Aux pays tiers ayant signé un accord avec l'UE.

NOTE : la participation au programme de la Suisse est actuellement limitée à certaines actions.

## LA SUBVENTION

La subvention se présente sous la forme d'un taux de cofinancement du coût total du projet, pouvant varier entre 70% et 100% du coût total du projet selon les actions du programme. Un système de forfaits peut également s'appliquer selon les actions.

## LES APPELS À PROJETS

Les appels à projets sont disponibles ici :

- ec.europa.eu/research/participants/portal/desktop/en/opportunities/h2020/index.html
- www.horizon2020.gouv.fr/cid77090/tableau-des-appels-propositions-horizon-2020.html

## LE GUIDE DU PROGRAMME À TÉLÉCHARGER

- Un guide du programme (en anglais) est disponible en ligne : ec.europa.eu/research/participants/docs/h2020-funding-guide/index_en.htm
- Différents guides en français sont également disponibles ici : www.horizon2020.gouv.fr/cid94360/la-commission-europeenne-publie-les-programmes-travail-2016-2017-horizon-2020.html

## LE DÉPÔT DE CANDIDATURE

La demande de subvention se fait via l'envoi d'un formulaire électronique sur le Portail des participants de la DG Recherche et innovation (RTD) : ec.europa.eu/research/participants/portal/desktop/en/home

## LE BUDGET DISPONIBLE POUR LE PROGRAMME

Pour la période 2014-2020, HORIZON 2020 dispose d'un budget de près de 79,4 milliards d'euros.

## LA GESTION DU PROGRAMME

Le programme est géré par la Commission européenne par le biais de la DG Recherche et innovation (RTD). Différentes agences exécutives interviennent dans la mise en œuvre du programme :

- Le Conseil européen de la recherche (ERCEA),
- L'Agence exécutive de la recherche (REA),
- L'Agence exécutive pour les petites et moyennes entreprises (EASME),
- L'Agence exécutive pour les réseaux et l'innovation (INEA).

## LA BASE JURIDIQUE DU PROGRAMME

Règlement (UE) n° 1291/2013 du Parlement européen et du Conseil du 11 décembre 2013.

## LES SITES INTERNET UTILES

- Site de la Commission européenne : ec.europa.eu/programmes/horizon2020/en
- Site du Ministère de l'Éducation nationale, de l'enseignement supérieur et de la recherche : www.horizon2020.gouv.fr
- Site du Service communautaire d'information sur la recherche et le développement (CORDIS) : cordis.europa.eu/home_fr

# JUSTICE

## LES MOTS CLÉS

Justice, droit, lutte contre la drogue

## LES ACTIONS DU PROGRAMME

- **AMÉLIORER LA COOPÉRATION JUDICIAIRE EN MATIÈRE CIVILE ET PÉNALE**
    - Améliorer la coopération judiciaire en matière civile,
    - Améliorer la coopération judiciaire en matière pénale,
- **FACILITER L'ACCÈS À LA JUSTICE ET APPUYER LA FORMATION JUDICIAIRE**
    - Soutenir et promouvoir la formation judiciaire, notamment des formations linguistiques sur la terminologie juridique, dans le but d'encourager une culture juridique et judiciaire commune,
    - Faciliter l'accès effectif à la justice pour tous, notamment promouvoir et soutenir la protection des droits des victimes de la criminalité, tout en respectant les droits de la défense,
- **PRÉVENIR ET RÉDUIRE LA DEMANDE ET L'OFFRE DE DROGUE**

## LES CANDIDATS ÉLIGIBLES

Selon les actions du programme, les organisations privées à but non lucratif ou les organisations publiques peuvent participer. Une organisation à but lucratif ne peut participer que dans le cadre d'un partenariat incluant des organisations à but non lucratif.

## LES CRITÈRES POUR LE PARTENARIAT

Selon l'action du programme, un partenariat transnational peut être requis.

## LA ZONE ÉLIGIBLE POUR LE PROGRAMME

Le programme est ouvert :
- Aux 28 pays de l'UE, à l'Islande, le Liechtenstein, la Norvège,
- Aux pays candidats et potentiellement candidats à une adhésion à l'UE : *l'Albanie, l'ancienne République yougoslave de Macédoine, le Monténégro, la Serbie, la Turquie, la Bosnie-Herzégovine, le Kosovo.*

## LA SUBVENTION

La subvention se présente sous la forme d'un taux de cofinancement du coût total du projet, pouvant varier entre 80% et 95% selon les actions du programme.

## LES APPELS À PROJETS

Les appels à projets sont disponibles ici (en anglais) :

ec.europa.eu/research/participants/portal/desktop/en/opportunities/just/index.html

## LE GUIDE DU PROGRAMME À TÉLÉCHARGER

Le programme de travail 2016 est disponible ici :

ec.europa.eu/justice/grants1/programmes-2014-2020/files/awp_2016/annex_fr.pdf

## LE DÉPÔT DE CANDIDATURE

La demande de subvention se fait via l'envoi d'un formulaire électronique sur le Portail des participants PRIAMOS de la DG JUST : ec.europa.eu/research/participants/portal/desktop/en/opportunities/just/index.html

## LE BUDGET DISPONIBLE POUR LE PROGRAMME

Pour la période 2014-2020, JUSTICE dispose d'un budget de près de 377,6 millions d'euros.

## LA GESTION DU PROGRAMME

Le programme est géré par la Commission européenne. Ses actions sont mises en œuvre par l'une des DG suivantes :

- DG Migration et affaires intérieures (HOME),
- DG Justice et consommateurs (JUST),
- DG Concurrence (COMP).

## LA BASE JURIDIQUE DU PROGRAMME

Règlement (UE) n° 1382/2013 du Parlement européen et du Conseil du 17 décembre 2013.

## LES SITES INTERNET UTILES

- Site de la Commission européenne : ec.europa.eu/justice/grants1/programmes-2014-2020/justice/index_fr.htm

# L'EUROPE POUR LES CITOYENS

L'Europe pour
les citoyens

## LES MOTS CLÉS

Citoyenneté européenne, mémoire, jumelage entre villes européennes

## LES ACTIONS DU PROGRAMME

- **Volet 1 Mémoire européenne**
- **Volet 2 Engagement démocratique et participation civique**
  - Jumelage de villes
  - Réseaux de villes
  - Projets de la société civile

Des priorités ont été définies pour la période 2016-2020 :

- **Volet 1 Mémoire européenne :**
  - Commémoration d'évènements ayant changé le cours de l'histoire européenne récente,
  - Société civile et participation civile sous les régimes totalitaires,
  - Ostracisme et perte de citoyenneté sous les régimes totalitaires : comment en tirer des enseignements pour aujourd'hui,
  - Transition démocratique et adhésion à l'Union européenne.
- **Volet 2 Engagement démocratique et participation civique :**
  - L'euroscepticisme: comprendre et débattre,
  - Solidarité en temps de crise,
  - Lutter contre la stigmatisation des «immigrés» et élaborer des contre-discours afin de favoriser le dialogue interculturel et la compréhension mutuelle,
  - Débat sur l'avenir de l'Europe.

## LES CANDIDATS ÉLIGIBLES

Le programme est ouvert aux organismes publics ou aux organisations à but non lucratif.

## LES CRITÈRES POUR LE PARTENARIAT

Un partenariat transnational est requis pour le Volet 2 Engagement démocratique et participation civique.

## LA ZONE ÉLIGIBLE POUR LE PROGRAMME

Le programme est ouvert aux pays suivants :

- <u>Pays participants</u> : 28 pays de l'UE, Islande, Liechtenstein et Norvège,
- <u>Pays partenaires</u> : Albanie, Islande, Monténégro, Ancienne République yougoslave de Macédoine, Serbie, Turquie

## LA SUBVENTION

La subvention se présente sous forme de forfaits. Les subventions maximales selon les actions sont :

- Volet 1 « Mémoire européenne » : 100 000 €
- Volet 2 « Engagement démocratique et participation civique » :
  - Jumelage de villes : 25 000 €
  - Réseaux de villes : 150 000 €
  - Projets de la société civile : 150 000 €

Des subventions de fonctionnement sont également disponibles.

## LES APPELS À PROJETS

Les appels à projets sont disponibles ici :

eacea.ec.europa.eu/europe-pour-les-citoyens/financement_fr

## LE GUIDE DU PROGRAMME À TÉLÉCHARGER

Le guide du programme est disponible ici : ec.europa.eu/citizenship/pdf/2016_annexe_awp_fr.pdf

## LE DÉPÔT DE CANDIDATURE

La demande de subvention se fait via l'envoi d'un formulaire électronique sur le Portail des participants de l'Agence exécutive EACEA : ec.europa.eu/education/participants/portal/desktop/fr/home.html

## LE BUDGET DISPONIBLE POUR LE PROGRAMME

Pour la période 2014-2020, L'EUROPE POUR LES CITOYENS dispose d'un budget de près de 185,5 millions d'euros.

## LA GESTION DU PROGRAMME

Le programme est géré par la Commission européenne via la DG Éducation et culture (EAC). L'Agence exécutive Éducation, audiovisuel et culture (EACEA) basée à Bruxelles gère le programme.

## LA BASE JURIDIQUE DU PROGRAMME

Règlement (UE) n° 390/2014 du Conseil du 14 avril 2014.

## LES SITES INTERNET UTILES

- Site de la Commission européenne : ec.europa.eu/citizenship/europe-for-citizens-programme/index_fr.htm
- Site de l'Agence exécutive EACEA : eacea.ec.europa.eu/europe-pour-les-citoyens_fr
- Site du Point national d'information en France, l'association Civisme et démocratie (CIDEM) : www.europepourlescitoyens.org/le-programme/

# LIFE

## LES MOTS CLÉS

Environnement, nature et biodiversité, climat

## LES ACTIONS DU PROGRAMME

- **Sous-programme « Environnement »**
  - Environnement et utilisation rationnelle des ressources
  - Nature et biodiversité
  - Gouvernance et information dans le domaine de l'environnement
- **Sous-programme « Action pour le climat »**
  - Atténuation du changement climatique
  - Adaptation au changement climatique
  - Gouvernance et information en matière de climat

## LES CANDIDATS ÉLIGIBLES

Le programme est ouvert aux organisations publiques et privées.

## LES CRITÈRES POUR LE PARTENARIAT

Un partenariat transnational représente une valeur ajoutée au projet mais n'est pas requis.

## LA ZONE ÉLIGIBLE POUR LE PROGRAMME

Le programme est ouvert :
- Aux 28 pays de l'UE, à l'Islande, le Liechtenstein, la Norvège et la Suisse (tant qu'un accord a été conclu avec l'UE),
- Aux pays candidats et potentiellement candidats à une adhésion à l'UE : *l'Albanie, l'ancienne République yougoslave de Macédoine, le Monténégro, la Serbie, la Turquie, la Bosnie-Herzégovine, le Kosovo,*
- Aux pays de la politique européenne de voisinage : *l'Algérie, l'Arménie, l'Azerbaïdjan, le Belarus, l'Égypte, la Géorgie, Israël, la Jordanie, le Liban, la Libye, le Maroc, la République de Moldavie, les territoires palestiniens occupés, la Syrie, la Tunisie et l'Ukraine,*
- Aux pays membres de l'Agence européenne pour l'environnement.

## LA SUBVENTION

La subvention se présente sous la forme d'un taux de cofinancement du coût total du projet, pouvant varier entre 60% à 100% selon la nature du projet.

## LES APPELS À PROJETS

Les appels à projets sont disponibles ici (en anglais) : ec.europa.eu/environment/life/funding/life2016

## LE GUIDE DU PROGRAMME À TÉLÉCHARGER

Un guide du programme est disponible en ligne :
eur-lex.europa.eu/legal-content/FR/TXT/PDF/?uri=CELEX:32014D0203&from=EN

## LE DÉPÔT DE CANDIDATURE

Les projets traditionnels doivent être soumis sur « eProposal » : webgate.ec.europa.eu/eproposalWeb/

Pour les autres catégories de projet, il faut se référer au dossier de candidature.

## LE BUDGET DISPONIBLE POUR LE PROGRAMME

Pour la période 2014-2020, LIFE dispose d'un budget de près de 3,5 milliards d'euros.

## LA GESTION DU PROGRAMME

La Commission européenne gère le programme via la DG Environnement et la DG Action pour le climat. Dans les années à venir, l'Agence exécutive pour les petites et moyennes entreprises (EASME) sera en charge de la gestion et de l'animation du programme LIFE.

## LA BASE JURIDIQUE DU PROGRAMME

Règlement (UE) n° 1293/2013 du Parlement européen et du Conseil du 11 décembre 2013.

## LES SITES INTERNET UTILES

- Site de la Commission européenne : ec.europa.eu/environment/life/about/index.htm
- Site du Ministère de l'Écologie, du développement durable et de l'énergie : www.developpement-durable.gouv.fr/Le-programme-europeen-de,47215.html

# MÉCANISME POUR L'INTERCONNEXION EN EUROPE (MIE)

## LES MOTS CLÉS

Transports, énergie, télécommunications

## LES ACTIONS DU PROGRAMME

- **TRANSPORTS** : modernisation de l'infrastructure de transport en Europe, la construction des maillons manquants et la suppression des goulets d'étranglement
- **ÉNERGIE** : atteindre les objectifs de l'UE pour 2020 dans les domaines climatique et énergétique, combler les besoins financiers, et supprimer les goulets d'étranglement des réseaux
- **TÉLÉCOMMUNICATIONS ET TECHNOLOGIES DE L'INFORMATION** : soutenir les investissements dans les réseaux à haut débit rapides et très rapides et dans les services numériques paneuropéens.

## LES CANDIDATS ÉLIGIBLES

Le programme est ouvert :
- Aux États membres
- Avec l'accord des États membres concernés,
  - Aux organisations internationales,
  - Aux entreprises communes,
  - Aux entreprises ou organismes publics ou privés établis dans un État membre.

## LES CRITÈRES POUR LE PARTENARIAT

Il n'y a pas de partenariat transnational requis en dehors des projets à dimension transfrontalière.

## LA ZONE ÉLIGIBLE POUR LE PROGRAMME

Le programme est ouvert à tous les États membres. Les actions réalisées dans les pays tiers peuvent être financées si elles entrent dans le cadre d'un projet d'intérêt commun.

## LA SUBVENTION

La subvention se présente sous la forme d'un taux de cofinancement du coût total du projet, pouvant s'élever :
- Transports : de 10% à 50%,
- Énergie : de 50% à 75%,
- Télécommunications : jusqu'à 75%.

## LES APPELS À PROJETS

La Commission européenne sélectionne des projets d'infrastructures particuliers dans des zones ou des domaines stratégiques, appelés « projets d'intérêt commun ».

Des appels à propositions sont ensuite organisés. Ils sont disponibles ici (en anglais) :
ec.europa.eu/inea/en/connecting-europe-facility

## LE GUIDE DU PROGRAMME À TÉLÉCHARGER

- Transports : ec.europa.eu/transport/themes/infrastructure/reference-documents/index_en.htm
- Énergie : ec.europa.eu/inea/sites/inea/files/2016_cef_energy_1_fr_annexe_acte_autonome_part1_v3.pdf
- Télécommunications : ec.europa.eu/inea/sites/inea/files/wp2016_adopted_20160303.pdf

## LE DÉPÔT DE CANDIDATURE

La procédure pour le dépôt de candidature est défini dans chaque appel à propositions. Pour les volets Transports et Énergie, elle se fait via l'envoi d'un formulaire électronique sur le module TENtec eSubmission : ec.europa.eu/transport/themes/infrastructure/tentec/index_en.htm

L'envoi d'une copie de la candidature au format papier peut être demandé.

## LE BUDGET DISPONIBLE POUR LE PROGRAMME

Pour la période 2014-2020, le MÉCANISME POUR L'INTERCONNEXION EN EUROPE dispose d'un budget de près de 22 milliards d'euros.

## LA GESTION DU PROGRAMME

Le programme est géré par la Commission européenne via différentes DG :
- Mobilité et transports (MOVE),
- Énergie (ENER),
- Recherche et innovation (RTD),
- Réseaux de communication, contenu et technologies (CNECT).

L'Agence exécutive pour les réseaux et l'innovation (INEA) met en œuvre le programme.

## LA BASE JURIDIQUE DU PROGRAMME

Règlement (UE) n° 1316/2013 du Parlement européen et du Conseil du 11 décembre 2013.

## LES SITES INTERNET UTILES

- Transports : ec.europa.eu/inea/en/connecting-europe-facility/cef-transport
- Énergie : ec.europa.eu/inea/en/connecting-europe-facility/cef-energy
- Télécommunications : ec.europa.eu/digital-agenda/en/connecting-europe-facility

# PROGRAMME CONSOMMATEURS

## LES MOTS CLÉS

Droits des consommateurs, protection des consommateurs, sécurité des produits.

## LES ACTIONS DU PROGRAMME

- **Objectif I — Sécurité** : consolider et renforcer la sécurité des produits grâce à une surveillance efficace des marchés dans toute l'Union.
- **Objectif II — Information et éducation des consommateurs, et soutien aux associations de consommateurs** : améliorer l'éducation et l'information des consommateurs et leur faire mieux connaître leurs droits, développer la base d'informations sur laquelle la politique des consommateurs est fondée et soutenir les associations de consommateurs, y compris en tenant compte des besoins spécifiques des consommateurs vulnérables;
- **Objectif III — Droits et voies de recours** : développer et renforcer les droits des consommateurs, notamment au moyen d'une action réglementaire intelligente et d'une amélioration de l'accès à des voies de recours simples, efficaces, appropriées et peu coûteuses, y compris des mécanismes de règlement extrajudiciaire des litiges.
- **Objectif IV — Respect de la législation** : contribuer au respect des droits des consommateurs en renforçant la coopération entre les organismes nationaux chargés du contrôle de l'application de la législation et en prodiguant des conseils aux consommateurs.

## LES CANDIDATS ÉLIGIBLES

Le programme est ouvert :
- Aux autorités nationales chargées de la politique des consommateurs, de la sécurité et de l'application des lois,
- Au réseau des centres européens des consommateurs,
- Aux organisations de défense des consommateurs à l'échelon européen,
- Aux organisations de défense des consommateurs nationales.

## LES CRITÈRES POUR LE PARTENARIAT

Selon les actions du programme, un partenariat transnational peut être nécessaire.

## LA ZONE ÉLIGIBLE POUR LE PROGRAMME

Le programme est ouvert :
- Aux 28 pays de l'UE, l'Islande, le Liechtenstein, la Norvège et la Suisse (tant qu'un accord a été conclu avec l'UE),
- Aux pays candidats et potentiellement candidats à une adhésion à l'UE : *l'Albanie, l'ancienne République yougoslave de Macédoine, le Monténégro, la Serbie, la Turquie, la Bosnie-Herzégovine, le Kosovo,*
- Aux pays de la politique européenne de voisinage : *l'Algérie, l'Arménie, l'Azerbaïdjan, le Belarus, l'Égypte, la Géorgie, Israël, la Jordanie, le Liban, la Libye, le Maroc, la République de Moldavie, les territoires palestiniens occupés, la Syrie, la Tunisie et l'Ukraine.*

## LA SUBVENTION

La subvention se présente sous la forme d'un taux de cofinancement du coût total du projet. Celui-ci varie selon les actions du programme, allant de 50 à 70%.

## LES APPELS À PROJETS

Les appels à projets sont disponibles ici :

ec.europa.eu/chafea/consumers/consumers_calls.html

## LE GUIDE DU PROGRAMME À TÉLÉCHARGER

Le programme de travail 2016 est disponible en ligne (en anglais) :

ec.europa.eu/chafea/consumers/annual-work-programmes_en.html

## LE DÉPÔT DE CANDIDATURE

La demande de subvention se fait via l'envoi d'un formulaire électronique sur le Portail des participants de la DG Recherche et innovation (RTD) :

ec.europa.eu/research/participants/portal/desktop/en/opportunities/cp/index.html

## LE BUDGET DISPONIBLE POUR LE PROGRAMME

Pour la période 2014-2020, le PROGRAMME CONSOMMATEURS dispose d'un budget de près de 189 millions d'euros.

## LA GESTION DU PROGRAMME

Le programme est géré par la Commission européenne via la DG Santé et sécurité alimentaire (SANTE). Il est mis en œuvre par l'Agence exécutive pour les consommateurs, la santé, l'agriculture et les aliments (CHAFEA).

## LA BASE JURIDIQUE DU PROGRAMME

Règlement (UE) n° 254/2014 du Parlement européen et du Conseil du 26 février 2014.

## LES SITES INTERNET UTILES

- Site de la Commission européenne : ec.europa.eu/chafea/consumers/index.html

# PROGRAMME POUR L'EMPLOI ET L'INNOVATION SOCIALE (EaSI)

## LES MOTS CLÉS

Emploi, protection sociale

## LES ACTIONS DU PROGRAMME

- **Axe PROGRESS** : modernisation des politiques sociales et d'emploi
    - Emploi : en particulier l'emploi des jeunes,
    - Protection sociale, inclusion sociale, réduction et prévention de la pauvreté,
    - Conditions de travail,
- **Axe EURES** : mobilité professionnelle au sein de l'UE
    - Transparence des offres d'emploi, des candidatures aux postes et de toute information à destination des employeurs et des candidats,
    - Développement de services de recrutement et de placement des travailleurs,
    - Partenariats transfrontaliers,
- **Axe Microfinance et entreprenariat social** : assurer l'accès des groupes vulnérables et des microentreprises aux microfinancements et promouvoir l'entreprenariat social.

## LES CANDIDATS ÉLIGIBLES

Selon l'action du programme, les organisations éligibles peuvent être :

- Les autorités locales, régionales et nationales
- Les services pour l'emploi
- Les organisations partenaires sociaux et autres parties intéressées
- Etc.

## LES CRITÈRES POUR LE PARTENARIAT

Un partenariat transnational peut être requis selon les actions du programme.

## LA ZONE ÉLIGIBLE POUR LE PROGRAMME

Le programme est ouvert :

- Aux 28 pays de l'UE, l'Islande, le Liechtenstein, la Norvège et la Suisse (tant qu'un accord a été conclu avec l'UE),
- Aux pays candidats et potentiellement candidats à une adhésion à l'UE : *l'Albanie, l'ancienne République yougoslave de Macédoine, le Monténégro, la Serbie, la Turquie, la Bosnie-Herzégovine, le Kosovo.*

## LA SUBVENTION

La subvention se présente sous la forme d'un taux de cofinancement pouvant aller de 80% à 95% du coût total du projet, selon le sous-programme et l'action.

## LES APPELS À PROJETS

Les appels à projets sont disponibles ici :
ec.europa.eu/social/main.jsp?catId=629&langId=fr

## LE GUIDE DU PROGRAMME À TÉLÉCHARGER

Un guide du programme est disponible en ligne (en anglais) :
ec.europa.eu/social/keyDocuments.jsp?advSearchKey=EaSIannualworkprogramme&mode=advancedSubmit&langId=en&policyArea=&type=0&country=0&year=0

## LE DÉPÔT DE CANDIDATURE

La demande de subvention se fait via l'envoi d'un formulaire électronique sur le Portail SWIM de la DG EMPL :
webgate.ec.europa.eu/swim/external/displayWelcome.do?lang=fr

## LE BUDGET DISPONIBLE POUR LE PROGRAMME

Pour la période 2014-2020, EaSI dispose d'un budget de près de 919,5 millions d'euros.

## LA GESTION DU PROGRAMME

Le programme EaSI est géré par la Commission européenne via la DG Emploi, affaires sociales et inclusion (EMPL).

## LA BASE JURIDIQUE DU PROGRAMME

Règlement (UE) n° 1296/2013 du Parlement européen et du Conseil du 11 décembre 2013.

## LES SITES INTERNET UTILES

- Site de la Commission européenne : ec.europa.eu/social/main.jsp?langId=fr&catId=1081

# SANTÉ

## LES MOTS CLÉS

Santé, accès aux soins, systèmes de santé

## LES ACTIONS DU PROGRAMME

- **Objectif 1** - Promouvoir la santé, prévenir les maladies et encourager les environnements propices aux modes de vie sains,
- **Objectif 2** - Protéger les citoyens européens des menaces sanitaires transfrontalières sérieuses,
- **Objectif 3** - Contribuer aux systèmes de santé durables, efficaces et innovants,
- **Objectif 4** - Faciliter l'accès des citoyens européens à des soins de meilleure qualité et plus sûrs.

## LES CANDIDATS ÉLIGIBLES

Le programme est ouvert :
- Aux autorités sanitaires nationales,
- Aux organisations du public ou du privé,
- Aux organisations internationales,
- Aux ONG actives dans le domaine de la santé.

## LES CRITÈRES POUR LE PARTENARIAT

Le projet doit impliquer trois partenaires de trois pays différents.

## LA ZONE ÉLIGIBLE POUR LE PROGRAMME

Le programme est ouvert :
- Aux 28 pays de l'UE, à l'Islande, le Liechtenstein, la Norvège et la Suisse (tant qu'un accord a été conclu avec l'UE),
- Aux pays candidats et potentiellement candidats à une adhésion à l'UE : *l'Albanie, l'ancienne République yougoslave de Macédoine, le Monténégro, la Serbie, la Turquie, la Bosnie-Herzégovine, le Kosovo,*
- Aux pays de la politique européenne de voisinage : *l'Algérie, l'Arménie, l'Azerbaïdjan, le Belarus, l'Égypte, la Géorgie, Israël, la Jordanie, le Liban, la Libye, le Maroc, la République de Moldavie, les territoires palestiniens occupés, la Syrie, la Tunisie et l'Ukraine.*

## LA SUBVENTION

La subvention se présente sous la forme d'un taux de cofinancement du coût total du projet, s'élevant à 60%. Il peut s'élever jusqu'à 80% dans des cas particuliers.

## LES APPELS À PROJETS

Les appels à projets sont disponibles ici :

ec.europa.eu/research/participants/portal/desktop/en/opportunities/3hp

## LE GUIDE DU PROGRAMME À TÉLÉCHARGER

Le programme de travail 2016 est disponible en ligne (en anglais) :

ec.europa.eu/health/programme/events/adoption_workplan_2016_en.htm

## LE DÉPÔT DE CANDIDATURE

La demande de subvention se fait via l'envoi d'un formulaire électronique sur le Portail des participants de la DG Recherche et innovation (RTD) :

ec.europa.eu/research/participants/portal/desktop/en/opportunities/3hp/index.html

## LE BUDGET DISPONIBLE POUR LE PROGRAMME

Pour la période 2014-2020, SANTÉ dispose d'un budget de près de 449 millions d'euros.

## LA GESTION DU PROGRAMME

Le programme est géré par la Commission européenne via la DG Santé et sécurité alimentaire (SANTE). Il est mis en œuvre par l'Agence exécutive pour les consommateurs, la santé, l'agriculture et les aliments (CHAFEA).

## LA BASE JURIDIQUE DU PROGRAMME

Règlement (UE) n° 282/2014 du Parlement européen et du Conseil du 11 mars 2014.

## LES SITES INTERNET UTILES

- Site de la Commission européenne : ec.europa.eu/health/programme/policy/index_fr.htm
- Site de l'Agence exécutive CHAFEA : ec.europa.eu/chafea/health/index.html

# LES FONDS EUROPÉENS STRUCTURELS ET D'INVESTISSEMENT (FESI)

# PRÉSENTATION

Les Fonds européens structurels et d'investissement (FESI) regroupent différents fonds européens à savoir :

- **Les Fonds** :
  - Le Fonds de cohésion,
  - <u>Les Fonds structurels</u> :
    - Le Fonds européen de développement régional (FEDER),
    - Le Fonds social européen (FSE),
- Le Fonds européen agricole pour le développement rural (FEADER),
- Le Fonds européen pour les affaires maritimes et la pêche (FEAMP).

Les FESI permettent la mise en œuvre de trois politiques européennes :

- Politique de cohésion économique, sociale et territoriale (soutenue par le Fonds de cohésion, le FEDER et le FSE),
  - Objectif « Investissement pour la croissance et l'emploi »,
  - Objectif « Coopération territoriale européenne »,
- Politique de développement rural (soutenue par le FEADER),
- Politique des affaires maritimes et de la pêche (soutenue par le FEAMP).

Ces fonds visent à soutenir les États membres à un niveau régional en vue d'atteindre un haut niveau de cohésion à travers l'Union européenne. Les régions européennes sont également classées en différentes catégories, desquelles dépendra le niveau d'intervention des fonds européens et le taux de cofinancement des projets :

- <u>Les régions moins développées</u> : régions dont le Produit intérieur brut (PIB) est inférieur à 75% de la moyenne de l'Union européenne,
- <u>Les régions en transition</u> : régions dont le PIB est compris entre 75% et 90% de la moyenne de l'UE,
- <u>Les régions plus développées</u> : régions dont le PIB est supérieur à 90% de la moyenne de l'UE.

Les FESI sont encadrés par un Cadre stratégique commun (CSC) pour faciliter la mise en œuvre de ces fonds par les États membres grâce à des modalités communes. Le CSC énonce également onze objectifs thématiques qui découlent de la stratégie EUROPE 2020 et qui servent d'orientations à suivre pour assurer une certaine complémentarité entre les FESI. Ces objectifs sont les suivants :

1. Renforcer la recherche, le développement technologique et l'innovation,
2. Améliorer l'accès aux technologies de l'information et de la communication (TIC), leur utilisation et leur qualité,
3. Renforcer la compétitivité des PME,
4. Soutenir la transition vers une économie à faibles émissions de $CO_2$ dans tous les secteurs,
5. Promouvoir l'adaptation aux changements climatiques ainsi que la prévention et la gestion des risques,
6. Protéger l'environnement et promouvoir l'utilisation rationnelle des ressources,
7. Promouvoir le transport durable et supprimer les obstacles dans les infrastructures de réseaux essentielles,
8. Promouvoir l'emploi et soutenir la mobilité de la main-d'œuvre,
9. Promouvoir l'inclusion sociale et lutter contre la pauvreté,
10. Investir dans l'éducation, les compétences et la formation tout au long de la vie,
11. Renforcer les capacités institutionnelles et l'efficacité de l'administration publique.

Trois principes horizontaux s'ajoutent à ces objectifs thématiques :
- Égalité entre les hommes et les femmes,
- Non-discrimination,
- Développement durable.

Ces fonds sont en gestion partagée (sauf cas particuliers) : chaque État membre est chargé de mettre en place des systèmes de gestion et de contrôle pour assurer la mise en œuvre des FESI et le contrôle des projets subventionnés. La Commission européenne peut vérifier ces systèmes pour s'assurer de la bonne gestion financière des fonds.

Un **accord de partenariat** est établi entre chaque État membre et la Commission européenne. L'État doit présenter les besoins identifiés sur son territoire, les priorités pour les investissements à venir et les objectifs à atteindre d'ici à 2020. Le but étant de démontrer l'impact potentiel des fonds européens sur le territoire, l'accord de partenariat doit être validé par la Commission européenne avant l'attribution de l'enveloppe budgétaire à chaque État membre.

Ensuite, l'accord de partenariat se décline en plusieurs **Programmes nationaux** en fonction des fonds :
- Programme opérationnel national Fonds Social Européen (FSE),
- Programme opérationnel national Initiative pour l'emploi des jeunes (IEJ),
- Programme opérationnel national d'assistance technique Europ'Act (FEDER-FSE),
- Cadre national FEADER,
- Programme national Gestion des Risques (FEADER),
- Programme Réseau rural national (FEADER),
- Programme opérationnel national (FEAMP).

Des **programmes interrégionaux et régionaux** sont mis au point pour le FEDER, le FSE et le FEADER. Cette fois, on analyse les besoins de chaque région pour mieux identifier ses priorités. Après la validation du Programme opérationnel par la Commission européenne, l'État reverse aux autorités de gestion compétentes le montant attribué à la région dans le cadre des FESI.

> Dans la cadre des FESI, la subvention se présente sous la forme d'un taux de cofinancement sur le total des dépenses éligibles. Elle intervient en complément d'aides versées par l'État.
> La subvention est versée après vérification des dépenses encourues par le partenariat dans le cadre du projet, par l'autorité de certification compétente. Une avance peut être accordée selon les cas, quand le partenariat en fait la demande auprès de l'autorité de gestion.

Trois ans après la réalisation des dépenses, dans le cas où l'autorité de gestion n'a pas reçu de demandes de paiement certifiées de la part d'un bénéficiaire, les montants alloués initialement sont repris par la Commission européenne : il s'agit du « dégagement d'office ».

# FONDS DE COHÉSION

La France ne bénéficie pas du Fonds de cohésion.

## PRÉSENTATION

Créé en 1994 par le Traité de Maastricht, le Fonds de cohésion a pour but de réduire les inégalités entre les États membres, lesquelles sont devenues de plus en plus marquées au fil des élargissements européens. Il contribue à la mise en œuvre de la politique de cohésion économique, sociale et territoriale au niveau régional.

## LES ACTIONS DU FONDS

Le Fonds de cohésion a deux objectifs principaux :

- Réduire les disparités sociales et économiques,
- Promouvoir le développement durable.

Il intervient dans les domaines suivants :

- Le transport, notamment les réseaux transeuropéens en lien direct avec le Mécanisme pour l'interconnexion en Europe,
- L'environnement, via des projets menés en faveur des énergies et des transports « propres ».

## LA ZONE ÉLIGIBLE POUR LE FONDS

Le Fonds de cohésion est destiné aux États membres dont le Revenu national brut (RNB) est inférieur à 90% de la moyenne de l'Union européenne. Pour la période 2014-2020, il s'agit de : la Bulgarie, Chypre, la Croatie, l'Estonie, la Grèce, la Hongrie, la Lettonie, la Lituanie, Malte, la Pologne, le Portugal, la République tchèque, la Roumanie, la Slovaquie et la Slovénie.

## LA SUBVENTION

La subvention se présente sous la forme d'un taux de cofinancement du coût total du projet, s'élevant au maximum à 85%.

## LE BUDGET DISPONIBLE POUR LE FONDS

Pour la période 2014-2020, le Fonds de cohésion dispose d'un budget de près de 74,9 milliards d'euros.

## LA GESTION DU FONDS

Le Fonds de cohésion est géré par la Commission européenne via la DG Politique régionale et urbaine (REGIO). Dans le cadre de la gestion partagée, le fonds est mis en œuvre par l'État membre concerné et les autorités de gestion compétentes au niveau régional.

## LA BASE JURIDIQUE DU FONDS

Règlement (UE) n° 1300/2013 du Parlement européen et du Conseil du 17 décembre 2013.

## LES SITES INTERNET UTILES

- Site de la Commission européenne : ec.europa.eu/regional_policy/fr/funding/cohesion-fund/

# FONDS EUROPÉEN AGRICOLE POUR LE DÉVELOPPEMENT RURAL (FEADER)

## LES MOTS CLÉS

Agriculture, foresterie, environnement, développement économique, développement rural, innovation, alimentation

## PRÉSENTATION

Le FEADER constitue le deuxième pilier de la Politique agricole commune (PAC). Le premier pilier apporte des aides directes aux agriculteurs, appuie des mesures de soutien aux marchés agricoles et est financé par le Fonds européen agricole de garantie (FEAGA). Il contribue à la mise en œuvre de la politique de développement rural.

## LES ACTIONS DU FONDS

- Favoriser la compétitivité de l'agriculture,
- Garantir la gestion durable des ressources naturelles et la mise en œuvre de mesures visant à préserver le climat,
- Assurer un développement territorial équilibré des économies et des communautés rurales, notamment la création et la préservation des emplois existants.

## LES CANDIDATS ÉLIGIBLES

Les bénéficiaires peuvent être : les collectivités territoriales, les pays (« petites régions »), les parcs régionaux, les syndicats mixtes, les exploitations agricoles et forestières, les PME, etc.

## LES CRITÈRES POUR LE PARTENARIAT

En fonction des actions soutenues, un partenariat interterritorial au sein d'un État membre ou transnational entre au moins deux États membres ou pays tiers peut être encouragé. Dans ce cas, des acteurs de différents profils doivent être intégrés dans le partenariat.

## LA ZONE ÉLIGIBLE POUR LE FONDS

Chaque région est éligible au FEADER au sein de l'UE. Des pays tiers peuvent être impliqués dans le cadre des projets de coopération, en fonction des accords signés avec la Commission européenne.

## LA SUBVENTION

La subvention se présente sous la forme d'un taux de cofinancement du coût total du projet, pouvant varier selon les zones géographiques et compris entre 53% et 85% (sauf cas particuliers). La subvention FEADER est complétée par une subvention de l'État.

## LES APPELS À PROJETS

Les appels à projets sont lancés par chaque autorité de gestion. Ils sont diffusés sur son propre site internet.

## LE GUIDE À TÉLÉCHARGER

L'autorité de gestion définit les critères d'éligibilité du projet à chaque appel à projets.

## LE DÉPÔT DE CANDIDATURE

Les démarches pour le dépôt de candidature sont précisées lors de l'appel à projets par l'autorité de gestion.

## LE BUDGET DISPONIBLE POUR LE FONDS

Pour la période 2014-2020, le FEADER dispose d'un budget de près de 95,6 milliards d'euros.

## LA GESTION DU FONDS

Le FEADER est en gestion partagée entre la Commission européenne via la DG Agriculture et développement rural (AGRI) et chaque État membre, lequel doit préparer un Programme national de développement rural (PNDR) définissant une stratégie pour atteindre des objectifs précis via des mesures.

En France, suite à la validation de l'Accord de partenariat, un Cadre national FEADER a été établi. Deux programmes nationaux ont également été mis au point pour la mise en œuvre du FEADER en France :
- Programme de développement rural FEADER gestion des risques,
- Programme de développement rural FEADER réseau rural.

Ces documents sont déclinés en Programmes de développement rural (PDR) au niveau régional. En tant qu'autorité de gestion, c'est le Conseil régional* qui est en charge de la mise en œuvre et de la gestion du FEADER : il attribue les subventions et veille à la bonne réalisation des projets sélectionnés ainsi qu'aux respect des règles financières par les bénéficiaires.

Un Document de mise en œuvre (DOMO) est établi dans chaque région et énonce les conditions de la mise en œuvre du programme opérationnel au niveau technique (dépenses éligibles, taux de cofinancement, critères d'éligibilité, etc.).

**NOTE :** Dans le cadre de la mesure « Liaison Entre Action de Développement de l'Economie Rurale » (LEADER), des Groupes d'action locale (GAL) réunissant des acteurs privés et publics sur un territoire précis ont été sélectionnés par l'autorité de gestion. Les GAL définissent une stratégie de développement local et reçoivent une enveloppe budgétaire pour sa mise en œuvre via différents projets.

*Le FEADER est géré par le Conseil général à la Réunion et par le Préfet à Mayotte.*

## LA BASE JURIDIQUE DU FONDS

Règlement (UE) n° 1305/2013 du Parlement européen et du Conseil du 17 décembre 2013.

## LES SITES INTERNET UTILES
- Site de la Commission européenne : ec.europa.eu/agriculture/rural-development-2014-2020/index_fr.htm
- Site du Réseau européen de développement rural (REDR) : enrd.ec.europa.eu/fr

# FONDS EUROPÉEN POUR LES AFFAIRES MARITIMES ET LA PÊCHE (FEAMP)

## LES MOTS CLÉS

Pêche, aquaculture, développement local

## PRÉSENTATION

Le FEAMP permet de mettre en œuvre la Politique commune de la pêche (PCP), lancée en 1983. La PCP vise à gérer la pêche au sein de l'UE, aussi bien au niveau des flottes qu'au niveau des ressources halieutiques.

## LES ACTIONS DU FONDS

- Promouvoir une pêche et une aquaculture qui soient compétitives, durables sur les plans environnemental et économique et socialement responsables,
- Favoriser la mise en œuvre de la Politique commune de la pêche (PCP),
- Promouvoir un développement territorial équilibré et solidaire des zones tributaires de la pêche et de l'aquaculture,
- Encourager l'élaboration et la mise en œuvre de la Politique maritime intégrée (PMI) de l'Union de manière à compléter la politique de cohésion et la PCP.

## LES CANDIDATS ÉLIGIBLES

Les bénéficiaires peuvent être : un organisme public ou privé « *chargés du lancement ou du lancement et de la mise en œuvre des opérations* », les pêcheurs ou les organisations de pêcheurs.

## LES CRITÈRES POUR LE PARTENARIAT

En fonction des actions soutenues, un partenariat interterritorial au sein d'un État membre ou transnational entre au moins deux États membres ou pays tiers peut être encouragé. Dans ce cas, des acteurs de différents profils doivent être intégrés dans le partenariat.

## LA ZONE ÉLIGIBLE POUR LE FONDS

Les régions éligibles sont les zones dépendant de la pêche et de l'aquaculture pour l'emploi, l'économie et l'environnement. Chaque État membre fixe ses critères pour définir ces zones.

## LA SUBVENTION

La subvention se présente sous la forme d'un taux de cofinancement du coût total du projet, compris entre 20% et 75% (sauf cas particuliers). La subvention FEAMP est complétée par une subvention de l'État.

## LES APPELS À PROJETS

- Pour les mesures en gestion directe, les appels à projets sont disponibles ici : ec.europa.eu/dgs/maritimeaffairs_fisheries/contracts_and_funding/calls_for_proposals/index_fr.htm
- Pour les mesures en gestion partagée, les appels à projets sont publiés par l'autorité de gestion.

## LE GUIDE À TÉLÉCHARGER

L'autorité de gestion définit les critères d'éligibilité du projet à chaque appel à projets.

## LE DÉPÔT DE CANDIDATURE

Les démarches pour le dépôt de candidature sont précisées lors de l'appel à projets par l'autorité de gestion.

## LE BUDGET DISPONIBLE POUR LE FONDS

Pour la période 2014-2020, le FEAMP dispose d'un budget de près de 7,4 milliards d'euros.

## LA GESTION DU FONDS

Le FEAMP est géré comme suit :
- **Gestion partagée** entre la Commission européenne via la DG Affaires maritimes et pêche (MARE) et l'État membre :
  - Développement durable de la pêche,
  - Développement durable de l'aquaculture,
  - Développement durable des zones tributaires de la pêche et de l'aquaculture,
  - Mesures liées à la commercialisation et à la transformation,
  - Compensation des surcoûts dans les régions ultrapériphériques pour les produits de la pêche et de l'aquaculture,
  - Mesures d'accompagnement de la PCP en gestion partagée,
  - Assistance technique à l'initiative des États membres,
  - Mesures relatives à la Politique maritime intégrée (PMI) financées en gestion partagée,
- **Gestion directe** par la Commission européenne :
  - Politique maritime intégrée,
  - Mesures d'accompagnement de la PCP et de la PMI en gestion directe,
  - Assistance technique.

Dans le cadre de la gestion partagée, un Programme opérationnel est établi par chaque État membre. Concernant les actions en gestion directe, un programme de travail annuel est mis en place.

**NOTE :** Dans le cadre de la mesure « Activités de coopération », des Groupes d'action locale de la pêche (GALP) réunissant des acteurs privés et publics sur un territoire précis sont sélectionnés par l'autorité de gestion. Les GALP définissent une stratégie de développement local et reçoivent une enveloppe budgétaire pour sa mise en œuvre via différents projets.

## LA BASE JURIDIQUE DU FONDS

Règlement (UE) n° 508/2014 du Parlement européen et du Conseil du 15 mai 2014.

## LES SITES INTERNET UTILES

- Site de la Commission européenne : ec.europa.eu/fisheries/cfp/emff/index_fr.htm
- Site du Ministère de l'Écologie, du Développement durable et de l'Énergie : www.developpement-durable.gouv.fr/Validation-de-la-proposition-de,42947.html

# FONDS EUROPÉEN DE DÉVELOPPEMENT RÉGIONAL (FEDER)

## LES MOTS CLÉS

Développement durable, emploi, recherche et innovation, environnement, entreprises et PME

## PRÉSENTATION

Créé en 1973, le Fonds européen de développement régional (FEDER) contribue à la mise en œuvre de la politique de cohésion économique, sociale et territoriale au niveau régional.

## LES ACTIONS DU FONDS

Le FEDER soutient :

- Les investissements contribuant à la création et à la sauvegarde d'emplois durables, par des aides directes aux investissements dans les PME,
- Les investissements dans les entreprises dans les domaines de la recherche, du développement et de l'innovation, et de la transition vers une économie à faible émission de carbone. En cas de coopération entre grandes entreprises et PME, les investissements pour un meilleur accès aux Techniques de l'information et de la communication (TIC),
- Les investissements dans des infrastructures offrant des services de base aux citoyens dans les domaines de l'énergie, de l'environnement, du transport et des TIC,
- Les investissements dans des infrastructures sociales, sanitaires, de recherche, d'innovation, commerciales et d'enseignement,
- Les investissements dans les équipements et les petites infrastructures pouvant développer de nouvelles activités, y compris les petites infrastructures du tourisme culturel et durable, les services aux entreprises, le soutien aux organismes du secteur de la recherche et de l'innovation et les investissements dans les technologies et la recherche appliquée dans les entreprises,
- La création de réseaux, la coopération et l'échange d'expériences entre les autorités régionales, locales, urbaines et autres autorités publiques compétentes, les partenaires économiques et sociaux, et les organismes pertinents représentant la société civile, les études, les actions préparatoires et le renforcement des capacités.

## LES CANDIDATS ÉLIGIBLES

À titre d'exemple, les bénéficiaires peuvent être une collectivité territoriale, un établissement public, une entreprise, une association, etc.

## LES CRITÈRES POUR LE PARTENARIAT

Un partenariat au niveau local peut être encouragé selon les actions. Un partenariat transnational n'est pas requis, à l'exception des projets cofinancés dans le cadre de la Coopération territoriale européenne (CTE) *(voir FEDER - Coopération territoriale européenne (INTERREG))*.

## LA ZONE ÉLIGIBLE POUR LE FONDS

Chaque région est éligible au FEDER au sein de l'UE. Des pays tiers peuvent être impliqués dans le cadre de la Coopération territoriale européenne *(voir FEDER - Coopération territoriale européenne (INTERREG)),* en fonction des accords signés avec la Commission européenne.

## LA SUBVENTION

La subvention se présente sous la forme d'un taux de cofinancement du coût total du projet, variant selon la classification des régions :

- Régions les plus développées : 50%
- Régions en transition :  60%
- Régions les moins développées : 85%.

## LES APPELS À PROJETS

Les appels à projets sont lancés par chaque autorité de gestion. Ils sont diffusés sur son propre site internet.

## LE GUIDE À TÉLÉCHARGER

L'autorité de gestion définit les critères d'éligibilité du projet à chaque appel à projets.

## LE DÉPÔT DE CANDIDATURE

Les démarches pour le dépôt de candidature sont précisées lors de l'appel à projets par l'autorité de gestion.

## LE BUDGET DISPONIBLE POUR LE FONDS

Pour la période 2014-2020, le budget alloué à la France dans le cadre du FEDER s'élève à près de 9,5 milliards d'euros, répartis comme suit :

- Objectif « Investissement pour la croissance et l'emploi » : 8,4 milliards d'euros,
- Objectif « Coopération territoriale européenne » : 1,1 milliard d'euros.

## LA GESTION DU FONDS

Le FEDER est en gestion partagée entre la Commission européenne via la DG Politique régionale et urbaine (REGIO), et chaque État membre.

En France, suite à la validation de l'Accord de partenariat, des Programmes opérationnels au niveau régional ou interrégional ont été préparés. Chacun d'entre eux définit une stratégie permettant d'identifier l'impact potentiel de l'intervention du FEDER et du Fonds social européen (FSE)* *(voir FSE - Fonds social européen)* sur le territoire, puis de le mesurer grâce à des indicateurs et des objectifs.

En tant qu'autorité de gestion, c'est le Conseil régional** qui est en charge de la mise en œuvre et de la gestion du FEDER : il attribue les subventions et veille à la bonne réalisation des projets sélectionnés ainsi qu'aux respect des règles financières par les bénéficiaires.

*\* En Alsace et à La Réunion, le Programme opérationnel pour le FSE est distinct de celui du FEDER.*
*\*\* L'État via le Préfet est autorité de gestion à Mayotte et à Saint-Martin (dans le cadre du programme régional de la Guadeloupe).*

Un Document de mise en œuvre (DOMO) est établi dans chaque région et énonce les conditions de la mise en œuvre du programme opérationnel au niveau technique (dépenses éligibles, taux de cofinancement, critères d'éligibilité, etc.).

## LA BASE JURIDIQUE DU FONDS

Règlement (UE) n° 1301/2013 du Parlement européen et du Conseil du 17 décembre 2013.

## LES SITES INTERNET UTILES

- Site de la Commission européenne : ec.europa.eu/regional_policy/fr/funding/erdf/
- Site pour les FESI en France : www.europe-en-france.gouv.fr/Des-programmes-pour-qui-pour-quoi/Programmes-2014-2020#/regional

# FEDER - COOPÉRATION TERRITORIALE EUROPÉENNE (INTERREG)

**Interreg** 🇪🇺
EUROPEAN UNION

## LES MOTS CLÉS

Développement durable, emploi, recherche et innovation, environnement, entreprises et PME

## PRÉSENTATION

Dans le cadre de la politique régionale, une initiative a été lancée en 1990 afin de soutenir la coopération entre les régions et États membres voisins à travers l'Union européenne, en vue de trouver des solutions à des problématiques communes. Il s'agit de la coopération territoriale européenne, mieux connue sous le nom d'INTERREG. Elle a été mise en place en 1991 et en est aujourd'hui à sa cinquième période de programmation :

- INTERREG : 1991-1993,
- INTERREG II : 1994-1999,
- INTERREG III : 2000-2006,
- INTERREG IV : 2007-2013,
- INTERREG V : 2014-2020.

INTERREG est financé par le Fonds européen de développement régional (FEDER).

INTERREG se découpe en trois volets :

- A : pour la coopération transfrontalière,
- B : pour la coopération transnationale,
- C / INTERREG EUROPE : pour la coopération interrégionale, auquel on ajoute :
  - URBACT III : pour soutenir les projets de développement urbain entre les villes au sein de l'Union européenne,
  - INTERACT III : pour soutenir les autorités de gestion, les secrétariats techniques et les comités de suivi dans la mise en œuvre des programmes,
  - ESPON : pour la mise en place d'un réseau d'observation européen pour la cohésion et le développement territorial.

Pour la période 2014-2020, il existe pour chaque volet :

- INTERREG V A :
  - 60 programmes de coopération transfrontaliers au sein de l'UE,
  - 12 programmes soutenus par l'Instrument d'aide de préadhésion (IAP)
  - 16 programmes soutenus par l'instrument européen de voisinage et de partenariat (IEVP),
- INTERREG V B : 15 programmes de coopération transnationaux,
- INTERREG EUROPE : 4 programmes de coopération interrégionaux.

## LES ACTIONS DU PROGRAMME

Chaque programme INTERREG s'adapte aux spécificités et aux problématiques de sa zone éligible, mais ses objectifs doivent répondre à la stratégie EUROPE 2020 pour une croissance intelligente, durable et inclusive. Des thématiques propres au FEDER doivent être suivies :

- Innovation et recherche,
- Stratégie numérique,
- Soutien aux petites et moyennes entreprises (PME),
- Économie sobre en carbone.

En France, les programmes INTERREG mis en place sont :

- INTERREG V A :
  - Programme France-Espagne-Andorre,
  - Programme France-Italie maritime,
  - Programme France-Suisse,
  - Programme Rhin supérieur,
  - Programme Grande Région,
  - Programme Alcotra,
  - Programme Deux-Mers,
  - Programme France-Wallonie-Vlaanderen,
  - Programme France-Manche-Angleterre,
- INTERREG V B :
  - Programme Sud-Ouest européen,
  - Programme MED,
  - Programme Espace Alpin,
  - Programme Europe du Nord-Ouest,
  - Programme Espace Atlantique,
  - Programmes en Outre-mer :
    - Programme transfrontalier-transnational Amazonie,
    - Programme transfrontalier-transnational Océan indien,
    - Programme transfrontalier-transnational Caraïbes,
    - Programme transfrontalier Saint Martin,
    - Programme transfrontalier Mayotte,
- INTERREG EUROPE,
- URBACT III,
- INTERACT III,
- ESPON.

## LES CANDIDATS ÉLIGIBLES

À titre d'exemple, les bénéficiaires peuvent être une collectivité territoriale, un établissement public, une entreprise, une association, etc.

## LES CRITÈRES POUR LE PARTENARIAT

Un partenariat transnational est requis pour participer au programme INTERREG. Les conditions concernant la nationalité des partenaires et leur nombre minimal sont propres à chaque programme INTERREG. Des pays tiers peuvent participer dans le cadre de l'Instrument d'aide de préadhésion (IAP) et de l'Instrument européen de voisinage et de partenariat (IEVP).

## LA ZONE ÉLIGIBLE POUR LE PROGRAMME

La zone éligible couvre différentes régions européennes et/ou différents États. Elle est propre à chaque programme.

## LA SUBVENTION

La subvention se présente sous la forme d'un taux de cofinancement du coût total du projet, lequel varie selon les programmes INTERREG et les actions cofinancées. Il peut varier de 50% à 85%.

## LES APPELS À PROJETS

Les appels à projets sont lancés par chaque autorité de gestion. Ils sont diffusés sur le site internet du programme INTERREG.

## LE GUIDE DU PROGRAMME À TÉLÉCHARGER

L'autorité de gestion définit les critères d'éligibilité du projet à chaque appel à projets.

## LE DÉPÔT DE CANDIDATURE

Les démarches pour le dépôt de candidature sont précisées lors de l'appel à projets par l'autorité de gestion. L'envoi de la candidature peut se faire par voie électronique par le biais d'une application ou d'un serveur.

## LE BUDGET DISPONIBLE POUR LE PROGRAMME

Pour la période 2014-2020, INTERREG dispose d'un budget de près de 10,2 milliards d'euros (dont 1,1 milliard en France).

## LA GESTION DU PROGRAMME

Le FEDER est en gestion partagée entre la Commission européenne via la DG Politique régionale et urbaine (REGIO), et les États membres.

Pour chaque programme INTERREG, une collectivité locale, une préfecture ou un Groupement européen de coopération territoriale (GECT) est désigné en tant qu'autorité de gestion. Elle est en charge de la mise en œuvre et de la gestion du programme, elle attribue les subventions et veille à la bonne réalisation des projets sélectionnés ainsi qu'au respect des règles financières par les bénéficiaires.

## LA BASE JURIDIQUE DU PROGRAMME

Règlement (UE) n° 1299/2013 du Parlement européen et du Conseil du 17 décembre 2013.

## LES SITES INTERNET UTILES

* Site de la Commission européenne : ec.europa.eu/regional_policy/en/policy/cooperation/european-territorial/
* Site de la Mission opérationnelle transfrontalière (MOT) : www.espaces-transfrontaliers.org

# FONDS SOCIAL EUROPÉEN (FSE)

## LES MOTS CLÉS

Emploi, affaires sociales, formation, inclusion sociale, non-discrimination

## PRÉSENTATION

Le Fonds social européen (FSE) a été créé en 1957 avec le Traité de Rome. Il contribue à la mise en œuvre de la politique de cohésion économique, sociale et territoriale au niveau régional.

## LES ACTIONS DU FONDS

- Promouvoir un emploi durable et de qualité et soutenir la mobilité de la main-d'œuvre,
- Promouvoir l'inclusion sociale et lutter contre la pauvreté et toute forme de discrimination,
- Investir dans l'éducation, la formation et dans la formation professionnelle pour acquérir des compétences et pour l'apprentissage tout au long de la vie,
- Renforcer les capacités institutionnelles des autorités publiques et des parties intéressées et l'efficacité de l'administration publique.

## LES CANDIDATS ÉLIGIBLES

Les bénéficiaires peuvent être les entreprises et les créateurs et repreneurs d'entreprise (sous conditions particulières), les associations et les collectivités locales. Les particuliers ne peuvent pas bénéficier directement du FSE, ils doivent s'adresser à une organisation intermédiaire.

## LES CRITÈRES POUR LE PARTENARIAT

En fonction des actions soutenues, un partenariat interterritorial au sein d'un État membre ou transnational entre au moins deux États membres ou pays tiers peut être encouragé. Dans ce cas, des acteurs de différents profils doivent être intégrés dans le partenariat.

## LA ZONE ÉLIGIBLE POUR LE FONDS

Chaque région est éligible au FSE au sein de l'UE.

## LA SUBVENTION

La subvention se présente sous la forme d'un taux de cofinancement du coût total du projet, lequel varie selon la classification des régions :

- Régions les plus développées : 50%
- Régions en transition : 60%
- Régions les moins développées : 85%.

## LES APPELS À PROJETS

Les appels à projets sont lancés par chaque autorité de gestion. Ils sont diffusés sur son propre site internet.

## LE GUIDE À TÉLÉCHARGER

L'autorité de gestion définit les critères d'éligibilité du projet à chaque appel à projets.

## LE DÉPÔT DE CANDIDATURE

Les conditions pour le dépôt de candidature sont précisées dans les appels à projets. Il faudra utiliser la plateforme en ligne « Ma démarche FSE » : https://ma-demarche-fse.fr/demat/

## LE BUDGET DISPONIBLE POUR LE FONDS

Pour la période 2014-2020, le budget alloué à la France dans le cadre du FSE s'élève à près de 6,03 milliards d'euros.

## LA GESTION DU FONDS

Le FSE est en gestion partagée entre la Commission européenne via la DG Emploi, affaires sociales et inclusion (EMPL), et chaque État membre. En France, la mise en œuvre du FSE est partagée entre :

- l'État via les préfets dans les domaines de l'emploi et de l'inclusion, ce qui représente 65% de l'enveloppe budgétaire nationale. Les actions pour l'inclusion pourront être gérées par les Conseils départementaux ou les Plans locaux pour l'insertion et l'emploi (PLIE) qui en font la demande, dans le cadre d'une délégation de gestion,
- les Conseils régionaux dans les domaines de la formation, de l'apprentissage et de l'orientation, ce qui représente 35% de l'enveloppe budgétaire nationale.

L'État est autorité de gestion sur l'ensemble des actions FSE à la Réunion, à Mayotte et à Saint-Martin (dans le cadre du programme régional de la Guadeloupe).

L'autorité de gestion est en charge de la mise en œuvre et de la gestion du FSE : elle attribue les subventions et veille à la bonne réalisation des projets sélectionnés ainsi qu'aux respect des règles financières par les bénéficiaires.

En France, suite à la validation de l'Accord de partenariat, un programme opérationnel national a été préparé et présente les objectifs et les mesures à mettre en œuvre. Ce programme est ensuite décliné en programmes opérationnels au niveau régional. Chacun d'entre eux définit une stratégie permettant d'identifier l'impact potentiel de l'intervention du Fonds européen de développement régional (FEDER) *(voir FEDER - Fonds européen de développement régional)* et du FSE* sur le territoire, puis de le mesurer grâce à des indicateurs et des objectifs.

Un Document de mise en œuvre (DOMO) est établi dans chaque région et énonce les conditions de la mise en œuvre du programme opérationnel au niveau technique (dépenses éligibles, taux de cofinancement, critères d'éligibilité, etc.).

*\* En Alsace et à la Réunion, le Programme opérationnel pour le FSE est distinct de celui du FEDER.*

## LA BASE JURIDIQUE DU FONDS

Règlement (UE) n° 1304/2013 du Parlement européen et du Conseil du 17 décembre 2013.

## LES SITES INTERNET UTILES

- Site de la Commission européenne : ec.europa.eu/esf/home.jsp?langId=fr
- Site officiel du FSE en France : www.fse.gouv.fr

# FSE - INITIATIVE POUR L'EMPLOI DES JEUNES (IEJ)

## LES MOTS CLÉS

Emploi, formation, jeunesse, inclusion sociale

## LES ACTIONS DU PROGRAMME

- Volets du programme :
  - Actions d'accompagnement des jeunes vers et dans l'emploi qui sont gérées par l'État
  - Actions d'accompagnement vers l'apprentissage qui sont gérées par la Région

- Types d'actions financées :
  - Des actions de repérage précoce, en particulier des jeunes les plus éloignés du marché du travail pour un diagnostic partenarial
  - Des actions d'accompagnement personnalisé vers l'insertion professionnelle et, en particulier vers l'emploi
  - Des actions pour favoriser l'insertion professionnelle, grâce notamment à l'acquisition de compétences par la formation dont l'apprentissage ou l'immersion en milieu professionnel

## LES CANDIDATS ÉLIGIBLES

L'IEJ vise les jeunes de moins de 26 ans, sans emploi, ne suivant ni études ni formation, inscrits ou non en tant que demandeurs d'emploi (NEET).
Les structures éligibles pour une subvention doivent être actives dans l'accompagnement des jeunes en difficulté d'insertion professionnelle. Il peut s'agir d'établissements publics, de collectivités, d'associations, de syndicats, etc.

## LES CRITÈRES POUR LE PARTENARIAT

Un partenariat entre différents acteurs locaux au niveau régional est encouragé pour la mise en œuvre des certaines actions. Un partenariat transnational entre au moins deux États membres n'est pas obligatoire mais représente une valeur ajoutée au projet.

## LA ZONE ÉLIGIBLE POUR LE PROGRAMME

Les régions de l'UE éligibles sont celles où le taux de chômage des jeunes de 15 à 24 ans dépassait 25% en 2012. En France, les régions concernées sont : l'Aquitaine, l'Auvergne, le Centre, la Champagne-Ardenne, la Guadeloupe, la Guyane, la Haute-Normandie, le Languedoc-Roussillon, la Martinique, Mayotte, le Nord-Pas de Calais, la Picardie, et la Réunion. Trois départements sont également éligibles : les Bouches-du-Rhône, la Haute-Garonne, et la Seine-Saint-Denis.

## LA SUBVENTION

La subvention se présente sous la forme d'un taux de cofinancement du coût total du projet, lequel varie selon les actions et l'autorité de gestion.

## LES APPELS À PROJETS

En France, les appels à projets sont lancés par la préfecture et par le Conseil régional.

## LE GUIDE DU PROGRAMME À TÉLÉCHARGER

L'autorité de gestion définit les critères d'éligibilité du projet à chaque appel à projets.

## LE DÉPÔT DE CANDIDATURE

Les conditions pour le dépôt de candidature sont précisées dans les appels à projets. Il faudra utiliser la plateforme en ligne « Ma démarche FSE » : https://ma-demarche-fse.fr/demat/

## LE BUDGET DISPONIBLE POUR LE PROGRAMME

Pour la période 2014-2020, l'IEJ dispose d'un budget de près de 6 milliards d'euros.

## LA GESTION DU PROGRAMME

L'IEJ est en gestion partagée entre la Commission européenne via la DG Emploi, affaires sociales et inclusion (EMPL) et chaque État membre. En France, la mise en œuvre de l'IEJ est partagée entre :

- l'État via les préfets pour les actions d'accompagnement des jeunes vers et dans l'emploi (emploi et inclusion). Elles représentent 65% de l'enveloppe budgétaire nationale.
- les Conseils régionaux pour les actions d'accompagnement vers l'apprentissage (formation, apprentissage et orientation). Elles représentent 35% de l'enveloppe budgétaire nationale.

Un programme opérationnel national présente les objectifs et les mesures concernant les actions de l'État et celles des régions en Guyane, à La Réunion, à Mayotte et en Provence-Alpes-Côte-d'Azur (pour le département des Bouches-du-Rhône). Pour les autres régions éligibles, les actions d'accompagnement vers l'apprentissage sont incluses dans les programmes FEDER-FSE.

## LA BASE JURIDIQUE DU PROGRAMME

Règlement (UE) n° 1304/2013 du Parlement européen et du Conseil du 17 décembre 2013.

## LES SITES INTERNET UTILES

- Site de la Commission européenne : ec.europa.eu/social/main.jsp?catId=1176&langId=fr
- Site national pour le Fonds social européen : www.fse.gouv.fr

# AUTRES INSTRUMENTS

# FONDS EUROPÉEN AGRICOLE DE GARANTIE (FEAGA)

## LES MOTS CLÉS

Agriculture, alimentation

## PRÉSENTATION

Le Fonds européen agricole de garantie (FEAGA) constitue le premier pilier de la Politique agricole commune (PAC). Il permet de financer des aides directes aux agriculteurs ainsi que des mesures de soutien aux marchés agricoles.

## LES ACTIONS SOUTENUES

Le FEAGA permet aux agriculteurs de bénéficier d'aides directes afin de soutenir leurs activités. Il permet également de soutenir les marchés agricoles par le biais de mesures.

## LES CANDIDATS ÉLIGIBLES

Les exploitants agricoles éligibles doivent déposer une demande auprès du Ministère de l'Agriculture de leur pays.

## LES BÉNÉFICIAIRES

Le FEAGA soutient les exploitants agricoles respectant les normes européennes dans le domaine de l'agriculture.

## LA ZONE ÉLIGIBLE

Le FEAGA est ouvert aux 28 pays membres de l'UE.

## LA SUBVENTION

Les exploitants agricoles éligibles et ayant déposé une demande peuvent bénéficier d'aides directes en complément de leurs revenus. Ces aides ne dépendent pas du rendement de leurs productions.

## LE BUDGET DISPONIBLE POUR L'INSTRUMENT

Pour la période 2014-2020, le FEAGA dispose d'un budget de près de 313 milliards d'euros.

## LA GESTION DE L'INSTRUMENT

Le FEAGA est géré comme suit :
- **Gestion partagée** entre la Commission européenne via la DG Agriculture et développement rural (AGRI) et l'État membre :
    - Les mesures concernant les marchés agricoles,
    - Les aides directes aux agriculteurs,
    - Les actions d'information et de promotion en faveur des produits agricoles,
    - Les actions de promotion pour la consommation de fruits et légumes à l'école,
- **Gestion directe** par la Commission européenne :
    - La promotion des produits agricoles,
    - Les mesures en lien avec les ressources génétiques en agriculture,
    - Les systèmes d'information comptable agricoles,
    - Les enquêtes agricoles.

## LA BASE JURIDIQUE DE L'INSTRUMENT

- Règlement (UE) n° 1306/2013 du Parlement européen et du Conseil du 17 décembre 2013,
- Règlement (UE) n° 1307/2013 du Parlement européen et du Conseil du 17 décembre 2013,
- Règlement (UE) n° 1308/2013 du Parlement européen et du Conseil du 17 décembre 2013.

## LES SITES INTERNET UTILES

- Site de la Commission européenne : ec.europa.eu/agriculture/cap-funding/funding-opportunities/index_fr.htm

# FONDS EUROPÉEN D'AIDE AUX PLUS DÉMUNIS (FEAD)

## LES MOTS CLÉS

Inclusion sociale

## LES ACTIONS SOUTENUES

Le FEAD permet d'apporter des produits de première nécessité aux plus démunis (alimentation, vêtements, produits d'hygiène, etc.). Des mesures d'intégration sociale doivent également être mises en place pour accompagner ces personnes.

## LES CANDIDATS ÉLIGIBLES

Chaque État membre doit préparer un Programme opérationnel (PO) et le faire valider par la Commission européenne. Ensuite, les autorités nationales doivent prendre des mesures qui permettront à leurs partenaires - principalement des Organisations non gouvernementales (ONG) - de mettre en place les actions soutenues.

## LES BÉNÉFICIAIRES

Le FEAD vise à venir en aide aux personnes en situation d'exclusion sociale et de pauvreté.

## LA ZONE ÉLIGIBLE

Le FEAD est ouvert aux 28 pays membres de l'UE.

## LA SUBVENTION

La Commission européenne cofinance au maximum 85% du budget du Programme opérationnel (PO) national. La contribution de l'État membre doit être au minimum de 15%.

## LE BUDGET DISPONIBLE POUR L'INSTRUMENT

Pour la période 2014-2020, le FEAD dispose d'un budget de près de 3,8 milliards d'euros.

## LA GESTION DE L'INSTRUMENT

Le FEAD est géré par la Commission européenne via la DG Emploi, affaires sociales et inclusion (EMPL). Chaque État membre doit soumettre un Programme opérationnel (PO) qui doit être examiné et validé par la Commission européenne.

## LA BASE JURIDIQUE DE L'INSTRUMENT

Règlement (UE) n° 223/2014 du Parlement européen et du Conseil du 11 mars 2014.

## LES SITES INTERNET UTILES

- Site de la Commission européenne : ec.europa.eu/social/main.jsp?catId=1089&langId=fr

# FONDS EUROPÉEN D'AJUSTEMENT À LA MONDIALISATION (FEM)

## LES MOTS CLÉS

Emploi, inclusion sociale, formation

## LES ACTIONS SOUTENUES

Le FEM soutient :

- Les mesures d'accompagnement pour la recherche d'emploi,
- Les mesures de reconversion professionnelle, d'études, et de formation,
- La création d'entreprise et d'emplois.

## LES CANDIDATS ÉLIGIBLES

L'État membre soumet une demande à la Commission européenne dans le cas d'un licenciement collectif touchant au moins 500 salariés d'une entreprise (ainsi que de ses fournisseurs et producteurs) ou de nombreux licenciements dans un secteur d'activité précis au sein d'une région (et de ses régions voisines).

## LES BÉNÉFICIAIRES

Le FEM vise à soutenir les personnes ayant perdu leur emploi suite à la crise économique ou en conséquence de la mondialisation.

## LA ZONE ÉLIGIBLE

Le FEM est ouvert aux 28 pays membres de l'UE.

## LA SUBVENTION

La subvention se présente sous la forme d'un taux de cofinancement du coût total du projet, s'élevant au maximum à 60%.

## LE BUDGET DISPONIBLE POUR L'INSTRUMENT

Pour la période 2014-2020, le FEM dispose d'un budget de près de 150 millions d'euros.

## LA GESTION DE L'INSTRUMENT

Le FEM est géré par la Commission européenne via la DG Emploi, affaires sociales et inclusion (EMPL).

## LA BASE JURIDIQUE DE L'INSTRUMENT

Règlement (UE) n° 1309/2013 du Parlement européen et du Conseil du 17 décembre 2013.

## LES SITES INTERNET UTILES

- Site de la Commission européenne : ec.europa.eu/social/main.jsp?catId=326&langId=fr

# FONDS EUROPÉEN DE DÉVELOPPEMENT (FED)

## LES MOTS CLÉS

Aide au développement, développement durable

## PRÉSENTATION

Le Fonds européen de développement (FED) a été créé en 1957 avec le Traité de Rome et mis en œuvre en 1959. Il vise à promouvoir les valeurs européennes et à apporter une aide au développement aux pays partenaires de l'UE à travers le monde.

## LES ACTIONS SOUTENUES

Le FED a différents objectifs :

- Éradiquer sur le long terme la pauvreté,
- Encourager un développement durable et inclusif,
- Promouvoir la démocratie et les droits humains,

## LES CANDIDATS ÉLIGIBLES

L'aide apportée par le FED dans chaque pays tiers est décidée conjointement par la Commission européenne et le pays partenaire concerné, après consultation des représentants de la société civile et des autorités régionales et locales.

## LES BÉNÉFICIAIRES

Les actions soutenues par le FED doivent bénéficier aux populations des pays tiers concernés.

## LA ZONE ÉLIGIBLE

Le FED intervient dans les pays d'Afrique-Caraïbes-Pacifique (ACP) et les pays et territoire d'outre-mer (PTOM).

## LA SUBVENTION

L'aide apportée par le FED peut prendre la forme d'allègement de la dette, d'investissements, de soutien aux importations, de subventions, d'aide budgétaire, etc.

## LE BUDGET DISPONIBLE POUR L'INSTRUMENT

Pour la période 2014-2020, le FED dispose d'un budget de près de 30,5 milliards d'euros.
NOTE : le FED ne fait pas partie du budget de l'UE.

## LA GESTION DE L'INSTRUMENT

Le FED est géré par la Commission européenne via la DG Coopération internationale et développement (DEVCO). Sa mise en œuvre peut se faire en gestion indirecte par le pays tiers concerné.

## LA BASE JURIDIQUE DE L'INSTRUMENT

- Règlement (UE) n° 2015/322 du Conseil du 2 mars 2015,
- Règlement (UE) n° 2015/323 du Conseil du 2 mars 2015.

## LES SITES INTERNET UTILES

- Site de la Commission européenne : ec.europa.eu/europeaid/funding/funding-instruments-programming/funding-instruments/european-development-fund_en

# INITIATIVE DES VOLONTAIRES DE L'AIDE DE L'UE

## LES MOTS CLÉS

Aide humanitaire, volontariat

## PRÉSENTATION

L'Initiative des volontaires de l'aide de l'UE permet aux citoyens européens de se porter volontaires pour participer à des missions au sein de pays tiers victimes d'une catastrophe et ayant besoin d'aide humanitaire. Ces volontaires sont formés et encadrés. L'initiative permet également de soutenir les organisations présentes sur place.

En plus de cette initiative, l'Union européenne coordonne entre les États membres une aide humanitaire qui peut être directement apportée aux populations dans le besoin. Cette aide peut prendre la forme de produits alimentaires, de vêtements, de logement, de soins médicaux, ou d'accès à l'eau potable entre autres.

## LES ACTIONS SOUTENUES

L'initiative soutient :

- L'envoi de volontaires européens et leur accueil au sein d'organisations de pays tiers pour mener une mission humanitaire,
- Leur formation et leur encadrement,
- Une aide aux organisations intervenant sur le lieu de la crise humanitaire.

## LES CANDIDATS ÉLIGIBLES

Les citoyens européens ou les résidents de longue durée au sein de l'UE âgés de plus de 18 ans peuvent se porter volontaires.

Les organisations d'envoi de volontaires doivent être une organisation non gouvernementale (ONG) à but non lucratif ou un organisme public, établis au sein de l'UE et actifs dans le domaine de l'aide humanitaire. La Fédération internationale des sociétés de la Croix-Rouge et du Croissant-Rouge est également éligible.

Les organisations d'accueil de volontaires doivent être une organisation non gouvernementale (ONG) à but non lucratif ou un organisme public, établis dans un pays tiers et actifs dans le domaine de l'aide humanitaire. Les organisations internationales sont également éligibles.

## LES BÉNÉFICIAIRES

Les bénéficiaires peuvent être des personnes physiques ou des organisations publiques ou privées.

## LA ZONE ÉLIGIBLE

Les volontaires peuvent intervenir dans les pays victimes d'une catastrophe où des actions d'aide humanitaire sont mises en place.

## LA SUBVENTION

Selon les actions soutenues, la subvention se présente sous la forme d'un taux de cofinancement du coût total du projet, s'élevant à 85% au maximum.

## LE BUDGET DISPONIBLE POUR L'INSTRUMENT

Pour la période 2014-2020, l'Initiative des volontaires de l'aide de l'UE dispose d'un budget de près de 148 millions d'euros.

## LA GESTION DE L'INSTRUMENT

L'initiative des volontaires de l'aide de l'UE est gérée par la Commission européenne via la DG Aide humanitaire et protection civile (ECHO). L'Agence exécutive «Éducation, audiovisuel et culture» (EACEA) met en œuvre certaines actions de l'initiative.

## LA BASE JURIDIQUE DE L'INSTRUMENT

Règlement (UE) n° 375/2014 du Parlement européen et du Conseil du 3 avril 2014.

## LES SITES INTERNET UTILES

- Site de la Commission européenne : ec.europa.eu/echo/what/humanitarian-aid/eu-aid-volunteers_fr
- Site de l'Agence exécutive EACEA : eacea.ec.europa.eu/eu-aid-volunteers-0_fr

# INSTRUMENT CONTRIBUANT À LA STABILITÉ ET À LA PAIX (IcSP)

## LES MOTS CLÉS

Gestion et réaction aux conflits, aide au développement, démocratie, Droits de l'Homme

## LES ACTIONS SOUTENUES

L'Instrument contribuant à la stabilité et à la paix (IcSP) vise à :

- Réagir en cas de crise pour assurer la stabilité dans le pays concerné,
- Prévenir les conflits,
- Faire face aux menaces pouvant agir sur la paix, la sécurité et la stabilité.

## LES CANDIDATS ÉLIGIBLES

Les ONG, l'ONU et autres organisations internationales, les institutions des États membres de l'UE et les organisations du pays partenaire sont éligibles.

## LES BÉNÉFICIAIRES

Les actions soutenues par l'IcSP doivent bénéficier aux populations des pays partenaires concernés.

## LA ZONE ÉLIGIBLE

L'IcSP concerne les pays en dehors de l'UE en situation de crise humanitaire ou menacés.

## LA SUBVENTION

L'aide apportée par l'IcSP peut prendre la forme d'une aide matérielle, technique ou financière (subventions, prêts, investissements, marchés publics, etc.).

## LE BUDGET DISPONIBLE POUR L'INSTRUMENT

Pour la période 2014-2020, l'IcSP dispose d'un budget de près de 2,3 milliards d'euros.

## LA GESTION DE L'INSTRUMENT

L'IcSP est géré par la Commission européenne via la DG Coopération internationale et développement (DEVCO). Sa mise en œuvre se fait en lien avec les délégations de l'UE présentes à travers le monde.

## LA BASE JURIDIQUE DE L'INSTRUMENT

- Règlement (UE) n° 230/2014 du Parlement européen et du Conseil du 11 mars 2014,
- Règlement (UE) n° 236/2014 du Parlement européen et du Conseil du 11 mars 2014.

## LES SITES INTERNET UTILES

- Site de la Commission européenne :
  ec.europa.eu/dgs/fpi/what-we-do/instrument_contributing_to_stability_and_peace_fr.htm

# INSTRUMENT D'AIDE DE PRÉADHÉSION (IAP II)

## LES MOTS CLÉS

Développement durable, cohésion, adhésion à l'UE

## PRÉSENTATION

L'Instrument d'aide de préadhésion (IAP II) a été mis en place pour permettre aux pays candidats et candidats potentiels à une adhésion à l'Union européenne de mener les réformes nécessaires pour leur intégration.

## LES ACTIONS SOUTENUES

L'IAP II soutient :
- Les réformes en vue de l'adhésion à l'UE,
- Le développement socio-économique et régional,
- L'emploi, les politiques sociales, l'éducation, la promotion de l'égalité entre les hommes et les femmes et le développement des ressources humaines,
- L'agriculture et le développement rural,
- La coopération régionale et territoriale.

## LES CANDIDATS ÉLIGIBLES

Les organismes publics ou privés à but non lucratif, les entreprises, les représentants de la société civile, etc. sont éligibles.

## LES BÉNÉFICIAIRES

Les actions soutenues par l'IAP II doivent bénéficier aux populations des pays partenaires concernés.

## LA ZONE ÉLIGIBLE

L'instrument est ouvert à l'Albanie, la Bosnie-Herzégovine, l'Islande, le Kosovo, le Monténégro, la Serbie, la Turquie, et l'Ancienne République yougoslave de Macédoine.

## LA SUBVENTION

Dans le cadre de l'IAP II, l'aide apportée peut prendre la forme de subventions, de prêts, d'investissements, de marchés publics, etc.

## LE BUDGET DISPONIBLE POUR L'INSTRUMENT

Pour la période 2014-2020, l'IAP II dispose d'un budget de près de 11,7 milliards d'euros.

## LA GESTION DE L'INSTRUMENT

L'IAP II est géré par la Commission européenne via la DG Voisinage et négociations d'élargissement (NEAR). Une gestion partagée avec le pays candidat peut être mise en place.

## LA BASE JURIDIQUE DE L'INSTRUMENT

- Règlement (UE) n° 231/2014 du Parlement européen et du Conseil du 11 mars 2014,
- Règlement (UE) n° 236/2014 du Parlement européen et du Conseil du 11 mars 2014.

## LES SITES INTERNET UTILES

- Site de la Commission européenne : ec.europa.eu/enlargement/instruments/overview/index_en.htm

# INSTRUMENT DE COOPÉRATION AU DÉVELOPPEMENT (ICD)

## LES MOTS CLÉS

Lutte contre la pauvreté, développement durable, démocratie, Droits de l'Homme, aide au développement

## PRÉSENTATION

L'Instrument de financement de la coopération au développement (ICD) vise à promouvoir les valeurs européennes au sein de ses pays partenaires en voie de développement.

## LES ACTIONS SOUTENUES

L'ICD se divise en différents programmes :
- Programmes géographiques (Amérique latine, Asie, Moyen-Orient et Afrique du Sud),
- Programmes thématiques (biens publics mondiaux et défis qui les accompagnent, organisations de la société civile et autorités locales),
- Un programme panafricain.

## LES CANDIDATS ÉLIGIBLES

L'instrument est ouvert aux :
- Autorités locales et organismes publics des pays partenaires,
- Organisations non gouvernementales à but non lucratif,
- Organisations internationales,
- Agences de l'UE.

## LES BÉNÉFICIAIRES

Les actions soutenues par l'instrument doivent bénéficier aux citoyens des pays concernés.

## LA ZONE ÉLIGIBLE

L'ICD est ouvert aux pays en voie de développement à l'exception de ceux éligibles à l'Instrument d'aide de préadhésion (IAP II).

## LA SUBVENTION

Les aides financées par l'ICD sont décrites dans les appels à projets.

## LE BUDGET DISPONIBLE POUR L'INSTRUMENT

Pour la période 2014-2020, l'ICD dispose d'un budget de près de 19,7 milliards d'euros.

## LA GESTION DE L'INSTRUMENT

L'ICD est géré par la Commission européenne via la DG Coopération internationale et développement (DEVCO). Sa mise en œuvre se fait en lien avec les délégations de l'UE présentes à travers le monde.

## LA BASE JURIDIQUE DE L'INSTRUMENT

- Règlement (UE) n° 233/2014 du Parlement européen et du Conseil du 11 mars 2014,
- Règlement (UE) n° 236/2014 du Parlement européen et du Conseil du 11 mars 2014.

## LES SITES INTERNET UTILES

- Site de la Commission européenne : ec.europa.eu/europeaid/how/finance/dci_en.htm_en

# INSTRUMENT DE PARTENARIAT (IP)

## LES MOTS CLÉS

Développement durable, aide au développement

## PRÉSENTATION

L'instrument de partenariat (IP) vise à promouvoir les valeurs européennes en dehors de ses frontières.

## LES ACTIONS SOUTENUES

L'IP soutient :
- Les actions de coopération entre l'UE et ses pays partenaires,
- La mise en œuvre de la stratégie EUROPE 2020 à un niveau international,
- Favoriser l'accès aux marchés des pays partenaires et encourager les investissements,
- Améliorer la visibilité de l'UE au niveau international.

## LES CANDIDATS ÉLIGIBLES

Les organismes publics ou privés à but non lucratif, les entreprises, les représentants de la société civile, etc. sont éligibles.

## LES BÉNÉFICIAIRES

Les actions soutenues par l'IP doivent bénéficier aux populations des pays partenaires concernés.

## LA ZONE ÉLIGIBLE

Le programme est ouvert à la participation des États membres de l'UE et des pays en voie de développement.

## LA SUBVENTION

L'aide apportée par l'IP peut prendre la forme d'une aide matérielle, technique ou financière (subventions, prêts, investissements, marchés publics, etc.).

## LE BUDGET DISPONIBLE POUR L'INSTRUMENT

Pour la période 2014-2020, l'IP dispose d'un budget de près de 955 millions d'euros.

## LA GESTION DE L'INSTRUMENT

L'ICD est géré par la Commission européenne via la DG Coopération internationale et développement (DEVCO). Sa mise en œuvre se fait en lien avec les délégations de l'UE présentes à travers le monde.

## LA BASE JURIDIQUE DE L'INSTRUMENT

- Règlement (UE) n° 234/2014 du Parlement européen et du Conseil du 11 mars 2014,
- Règlement (UE) n° 236/2014 du Parlement européen et du Conseil du 11 mars 2014.

## LES SITES INTERNET UTILES

- Site de la Commission européenne : ec.europa.eu/dgs/fpi/what-we-do/partnership_instrument_fr.htm

# INSTRUMENT EUROPÉEN DE VOISINAGE (IEV)

## LES MOTS CLÉS

Développement durable, aide au développement, démocratie, Droits de l'Homme

## PRÉSENTATION

L'instrument européen de voisinage (IEV) a été créé pour la mise en œuvre de la Politique européenne de voisinage (PEV), dans le but de limiter les disparités entre les nouveaux pays de l'UE et leurs voisins directs.

## LES ACTIONS SOUTENUES

L'IEV a comme objectifs de :
- Renforcer les liens de l'UE avec ses pays voisins via une coopération renforcée dans les domaines économique et politique,
- Promouvoir les valeurs européennes en matière de démocratie et de droits humains,
- Mettre en place un accès progressif au marché de l'UE,
- Mieux organiser les mobilités et les migrations des personnes,
- Promouvoir un développement durable,
- Encourager la coopération transfrontalière.

## LES CANDIDATS ÉLIGIBLES

Les organismes publics ou privés à but non lucratif sont éligibles. Les entreprises peuvent l'être aussi pour certaines actions.

## LES BÉNÉFICIAIRES

Les actions soutenues par l'IEV doivent bénéficier aux populations des pays partenaires concernés.

## LA ZONE ÉLIGIBLE

L'IEV est ouvert aux États membres de l'UE et aux pays de la Politique européenne de voisinage (PEV).

## LA SUBVENTION

Dans le cadre de l'IEV, l'aide apportée peut prendre la forme d'allégement de la dette, de subventions, de prêts, d'investissements, etc.

## LE BUDGET DISPONIBLE POUR L'INSTRUMENT

Pour la période 2014-2020, l'IEV dispose d'un budget de près de 15,4 milliards d'euros.

## LA GESTION DE L'INSTRUMENT

L'IEV est géré par la Commission européenne via la DG Voisinage et négociations d'élargissement (NEAR).

## LA BASE JURIDIQUE DE L'INSTRUMENT

- Règlement (UE) n° 232/2014 du Parlement européen et du Conseil du 11 mars 2014,
- Règlement (UE) n° 236/2014 du Parlement européen et du Conseil du 11 mars 2014.

## LES SITES INTERNET UTILES

- Site de la Commission européenne : ec.europa.eu/enlargement/neighbourhood/overview/index_en.htm

# INSTRUMENT EUROPÉEN POUR LA DÉMOCRATIE ET LES DROITS DE L'HOMME (IEDDH)

## LES MOTS CLÉS

Droits de l'Homme, démocratie, aide au développement

## PRÉSENTATION

L'Instrument européen pour la démocratie et les droits de l'homme (IEDDH) a été mis en place pour promouvoir les valeurs européennes en matière de démocratie et de respect des droits humains dans les pays où ceux-ci sont menacés.

## LES ACTIONS SOUTENUES

L'instrument vise à :

- Promouvoir la démocratie dans les pays tiers,
- Garantir le respect des Droits de l'Homme et des libertés fondamentales.

## LES CANDIDATS ÉLIGIBLES

Le programme est ouvert aux :

- Organisations de la société civile (ONG à but non lucratif, autres organisations à but non lucratif, etc.),
- Organismes publics à but non lucratif,
- Personnes physiques.

## LES BÉNÉFICIAIRES

Les actions soutenues par l'IEDDH doivent bénéficier aux citoyens des pays concernés.

## LA ZONE ÉLIGIBLE

L'IEDDH est ouvert :

- Aux pays voisins de l'UE,
- Aux pays des Balkans occidentaux et la Turquie,
- Aux pays d'Amérique centrale et latine,
- Aux pays d'Afrique-Caraïbes-Pacifique (ACP),
- Aux pays d'Asie.

## LA SUBVENTION

Pour certaines actions, un cofinancement n'est pas requis. Dans le cas contraire, un taux de cofinancement s'applique.

## LE BUDGET DISPONIBLE POUR L'INSTRUMENT

Pour la période 2014-2020, l'IEDDH dispose d'un budget de près de 1,3 milliard d'euros.

## LA GESTION DE L'INSTRUMENT

L'IEDDH est géré par la Commission européenne via la DG Coopération internationale et développement (DEVCO). Sa mise en œuvre se fait en lien avec les délégations de l'UE présentes à travers le monde.

## LA BASE JURIDIQUE DE L'INSTRUMENT

- Règlement (UE) n° 235/2014 du Parlement européen et du Conseil du 11 mars 2014,
- Règlement (UE) n° 236/2014 du Parlement européen et du Conseil du 11 mars 2014.

## LES SITES INTERNET UTILES

- Site de la Commission européenne : ec.europa.eu/europeaid/how/finance/eidhr_en.htm_en

# MÉCANISME EUROPÉEN DE PROTECTION CIVILE

## LES MOTS CLÉS
Protection civile

## LES ACTIONS SOUTENUES
Le Mécanisme européen de protection civile comprend un Centre de coordination de la réaction d'urgence (ERCC) qui a pour but de coordonner les actions des États membres en réponse à une catastrophe naturelle ou d'origine humaine. Le Mécanisme comprend également la Capacité européenne de réaction d'urgence (EERC) qui est une réserve de volontaires prêts à intervenir en cas d'urgence.

Le Mécanisme européen de protection civile soutient des actions d'aide d'urgence, des actions de préparation des équipes de protection civile, ainsi que des actions de prévention.

## LES CANDIDATS ÉLIGIBLES
Tout pays touché par une catastrophe peut demander une aide. L'Organisation des nations unies (ONU), par exemple, peut également déposer une demande d'aide.

## LES BÉNÉFICIAIRES
N'importe quel pays du monde devant faire face à une situation de catastrophe d'origine naturelle ou humaine peut demander l'aide du Mécanisme européen de protection civile. Les organisations publiques ou privées du pays concerné sont éligibles.

## LA ZONE ÉLIGIBLE
Les 28 États membres de l'UE et les pays partenaires (*l'Islande, la Norvège, la Serbie, l'ancienne République yougoslave de Macédoine, le Monténégro et la Turquie*) participent au Mécanisme européen de protection civile. Il peut être activé dans n'importe quel pays du monde.

## LA SUBVENTION
Le Mécanisme fournit une aide matérielle et/ou financière ainsi que la mise à dispositions d'experts et de volontaires. Le transport de l'aide vers le lieu de la catastrophe est également cofinancé.

## LE BUDGET DISPONIBLE POUR L'INSTRUMENT
Pour la période 2014-2020, le Mécanisme européen de protection civile dispose d'un budget de près de 224 millions d'euros.

## LA GESTION DE L'INSTRUMENT
Le FEAD est géré par la Commission européenne via la DG Aide humanitaire et protection civile (ECHO).

## LA BASE JURIDIQUE DE L'INSTRUMENT
Décision n° 1313/2013/UE du Parlement européen et du Conseil du 17 décembre 2013.

## LES SITES INTERNET UTILES
* Site de la Commission européenne : ec.europa.eu/echo/what/civil-protection/mechanism_fr

# MÉMO

# L'UNION EUROPÉENNE (UE)

FINLANDE

SUÈDE

ESTONIE

LETTONIE

LITUANIE

DANEMARK

IRLANDE

ROYAUME-UNI

PAYS-BAS

BELGIQUE

LUXEMBOURG

ALLEMAGNE

POLOGNE

RÉPUBLIQUE TCHÈQUE

SLOVAQUIE

FRANCE

AUTRICHE

HONGRIE

ROUMANIE

SLOVÉNIE

CROATIE

BULGARIE

ITALIE

PORTUGAL

ESPAGNE

GRÈCE

MALTE

CHYPRE

© 2015 - Émilie HOCHART

# LES 28 PAYS MEMBRES DE L'UNION EUROPÉENNE (UE)

- Allemagne
- Autriche
- Belgique
- Bulgarie
- Chypre
- Croatie
- Danemark
- Espagne
- Estonie
- Finlande
- France
- Grèce
- Hongrie
- Irlande
- Italie
- Lettonie
- Lituanie
- Luxembourg
- Malte
- Pays-Bas
- Pologne
- Portugal
- République tchèque
- Roumanie
- Royaume-Uni
- Slovaquie
- Slovénie
- Suède

# LES 19 PAYS MEMBRES DE LA ZONE EURO

- Allemagne
- Autriche
- Belgique
- Chypre
- Espagne
- Estonie
- Finlande
- France
- Grèce
- Irlande
- Italie
- Lettonie
- Lituanie
- Luxembourg
- Malte
- Pays-Bas
- Portugal
- Slovaquie
- Slovénie

# LES 24 LANGUES OFFICIELLES DE L'UNION EUROPÉENNE (UE)

- Allemand
- Anglais
- Bulgare
- Croate
- Danois
- Espagnol
- Estonien
- Finnois
- Français
- Grec
- Hongrois
- Irlandais
- Italien
- Letton
- Lituanien
- Maltais
- Néerlandais
- Polonais
- Portugais
- Roumain
- Slovaque
- Slovène
- Suédois
- Tchèque

# LES PAYS MEMBRES DE L'ESPACE ÉCONOMIQUE EUROPÉEN (EEE)*

- Islande
- Liechtenstein
- Norvège

*En plus des États membres de l'UE*

# LES PAYS MEMBRES DE L'ASSOCIATION EUROPÉENNE DE LIBRE-ÉCHANGE (AELE)

- Islande
- Liechtenstein
- Norvège
- Suisse

# LES PAYS CANDIDATS À UNE ADHÉSION À L'UNION EUROPÉENNE (UE)

- Albanie
- Ancienne République yougoslave de Macédoine (ARYM)
- Monténégro
- Serbie
- Turquie

# LES PAYS CANDIDATS POTENTIELS À UNE ADHÉSION À L'UNION EUROPÉENNE (UE)

- Bosnie-Herzégovine
- Kosovo

# LES PAYS DE LA POLITIQUE EUROPÉENNE DE VOISINAGE (PEV)

- <u>Méditerranée</u>
  - Algérie
  - Egypte
  - Jordanie
  - Liban
  - Libye
  - Maroc
  - Syrie
  - Territoire palestinien occupé
  - Tunisie
- <u>Sud-Caucase</u>
  - Arménie
  - Azerbaïdjan
  - Géorgie
- Biélorussie
- Moldavie
- Ukraine

# LES RÉGIONS ULTRAPÉRIPHÉRIQUES (RUP) DE L'UE

- **Espagne** : archipel des Canaries
- **France** : Martinique, Guadeloupe, Guyane et Réunion
- **Portugal** : archipels des Açores et de Madère

# LES PAYS ET TERRITOIRES D'OUTRE-MER (PTOM) DE L'UE

- **Danemark :** Groenland
- **France** : Nouvelle Calédonie et Dépendances, Polynésie française, Terres Australes de l'Antarctique Française, Wallis et Futuna, Mayotte, Saint Pierre et Miquelon
- **Pays-Bas :** Aruba, Antilles néerlandaises (*Bonaire, Curaçao, Saba, Sint Eustatius, Sint Maarten*)
- **Royaume-Uni :** Anguilla, Îles Caïmans, Îles Malouines, Géorgie du Sud-et-les Îles Sandwich du Sud, Montserrat, Îles Pitcairn, Sainte Hélène et Dépendances, Territoire britannique de l'Antarctique, Territoire britannique de l'Océan Indien, Îles Turques-et-Caïques, Îles vierges britanniques, Bermudes

# LES 79 PAYS D'AFRIQUE, DES CARAÏBES ET DU PACIFIQUE (ACP)

- Afrique du Sud
- Angola
- Antigua et Barbuda
- Belize
- Cap Vert
- Comores
- Bahamas
- Barbade
- Bénin
- Botswana
- Burkina Faso
- Burundi
- Cameroun
- République Centrafricaine
- Congo (Brazzaville)
- Congo (Kinshasa)
- Iles Cook
- Côte d'Ivoire
- Cuba
- Djibouti
- République Dominicaine
- Dominique
- Erythrée
- Ethiopie
- Fidji
- Gabon
- Gambie
- Ghana
- Grenade
- République de Guinée
- Guinée-Bissau
- Guinée Equatoriale
- Guyane
- Haïti
- Jamaïque
- Kenya
- Kiribati
- Lesotho
- Liberia
- Madagascar

- Malawi
- Mali
- Iles Marshall
- Maurice
- Mauritanie
- Micronésie
- Mozambique
- Namibie
- Nauru
- Niger
- Nigeria
- Niue
- Ouganda
- Palau
- Papouasie Nouvelle Guinée
- Rwanda
- Saint Christophe et Nevis
- Saint Vincent et Grenadines
- Sainte Lucie
- Iles Salomon
- Samoa
- Sao Tome et Principe
- Sénégal
- Seychelles
- Sierra Leone
- Somalie
- Soudan
- Suriname
- Swaziland
- Tanzanie
- Tchad
- Timor Leste
- Togo
- Tonga
- Trinité et Tobago
- Tuvalu
- Vanuatu
- Zambie
- Zimbabwe

# INDEX